REMUNERAÇÃO

CARGOS E SALÁRIOS OU COMPETÊNCIAS?

ROMEU HUCZOK

ROGERIO LEME

REMUNERAÇÃO

CARGOS E SALÁRIOS OU COMPETÊNCIAS?

QUALITYMARK

Copyright© 2014 by Romeu Huczok e Rogério Leme

Todos os direitos desta edição reservados à Qualitymark Editora Ltda.
É proibida a duplicação ou reprodução deste volume, ou parte do mesmo, sob qualquer meio, sem autorização expressa da Editora.

Direção Editorial	Produção Editorial
SAIDUL RAHMAN MAHOMED editor@qualitymark.com.br	EQUIPE QUALITYMARK

Capa	Editoração Eletrônica
EQUIPE QUALITYMARK	APED - APOIO E PRODUÇÃO LTDA.

1ª Edição: 2012
1ª Reimpressão: 2013
2ª Reimpressão: 2014

CIP-Brasil. Catalogação-na-fonte
Sindicato Nacional dos Editores de Livros, RJ

H873r
    Huczok, Romeu
    Remuneração : cargos e salários ou competências? / Romeu Huczok, Rogério Leme. – Rio de Janeiro : Qualitymark Editora, 2014.
    128p. : 23 cm
    Apêndice
    Inclui bibliografia
    ISBN 978-85-414-0039-8

    1. Salários. 2. Administração de pessoal. 3. Desempenho – Avaliação. 4. Padrões de desempenho. 5. Sistemas de remunerações salariais. I. Leme, Rogério. II. Título.

12-5294   CDD: 658.3
                                                                                CDU: 005.95/.96

2014
IMPRESSO NO BRASIL

Qualitymark Editora Ltda.
Rua Teixeira Júnior, 441 – São Cristóvão
20921-405 – Rio de Janeiro – RJ
Tel.: (21) 3295-9800

QualityPhone: 0800-0263311
www.qualitymark.com.br
E-mail: quality@qualitymark.com.br
Fax: (21) 3295-9824

Apresentação

Este livro é fruto de alguns anos de estudos, trabalhos de consultoria e docência na área de Remuneração e Gestão por Competências.

A proposta é ajudar a proporcionar aos profissionais da área de gestão de pessoas, gestores de diversas áreas, empresários, professores, consultores, estudantes, advogados, juízes, sindicalistas, uma visão sistêmica numa linguagem simples de duas ferramentas bastante utilizadas, os famosos planos de cargos e salários, e a moderna gestão por competências. Primeiro para entender, segundo sobre como utilizá-las dentro das empresas, buscando a efetividade dos negócios, qualidade, produtividade, por meio da atração, retenção de pessoas e desenvolvimento humano. Terceiro, uma particularidade importante, atender a legislação trabalhista brasileira, evitando prejuízos.

Para ter sucesso na implantação do Plano de Cargos, foi dado um enfoque especial à importância do envolvimento das lideranças nos processos de implantação de projetos de RH.

Outra atenção especial é o Setor Público, tão carente de ferramentas nessa área. Contemplamos as organizações públicas com um capítulo específico a elas dedicado. Este livro não aprofunda questões técnicas de cálculos estatísticos de cargos e salários e pesquisa salarial, uma vez que já existe uma boa literatura sobre o assunto, mas apresenta e clarifica os conceitos e informações importantes, explicados de forma simples, que os gestores ou demais profissionais necessitam para atender suas necessidades de gestão.

Prefácio

Procurei inicialmente me deter ao título deste livro, *Remuneração: Cargos e Salários ou Competências?* e a procurar respostas aos meus questionamentos sobre o assunto. Tentei imaginar a estrutura de uma obra dessa natureza, caso coubesse a mim o desafio do desenvolvimento. Pensei nos benefícios que o título propõe às pessoas, organizações e, por fim, o interesse que despertaria no público leitor.

Devo, antes de qualquer coisa, destacar com veemência a minha profunda crença no Ser Humano. Acredito piamente que as pessoas fazem a diferença em qualquer sociedade, organização ou comunidade, independente de tamanho e local, com ou sem fins lucrativos. Venho por muitos anos ouvindo frases como: "o cliente é o rei"; "o cliente é quem paga nossos salários; ou é o cliente que viabiliza nosso negócio". Jamais tiro a força e nem a importância desses comentários. No entanto, se em qualquer sociedade, organização ou comunidade, não existir pessoas competentes, qualificadas e felizes, como farão com que os clientes tenham suas necessidades atendidas e por consequência a fidelização? Essa foi mais uma resposta que buscava nesta obra.

Então fui à leitura. Por se tratar de um texto técnico, exige no mínimo uma noção sobre o assunto e o título, mais uma vez, cumpre seu papel, instigando corretamente o pensamento em sua direção. Objetivamente, o conteúdo está exposto com muita profundidade, porém de forma simples, de fácil compreensão, pois vem recheado de comentários que ajudam no raciocínio.

Para as minhas indagações, sobraram respostas.

A obra vem definindo e caracterizando o plano de Cargos e Salários, Gestão por Competências e o famoso CHA, Cargos, Funções,

Remuneração, Carreira, Avaliação de Desempenho, Estrutura Organizacional, Coeficiente de Desempenho, Inventário Comportamental para mapeamento de Competências, forçando, obrigatoriamente, a uma visão do entendimento quanto à sinergia dessas palavras, seus conteúdos e de como formatar sua construção sequencialmente, com o objetivo claro de facilitar a gestão de pessoas, de tal maneira que insere as mesmas no contexto da organização, trazendo perspectivas de desenvolvimento e, por consequência, crescimento.

A provocação pela necessidade de atuação da liderança como fator preponderante na elaboração dessa política tem como sutileza a mudança da subjetividade para a objetividade na gestão, pois é comum, em se tratando de pessoas e onde há sentimentos, que haja distorções mesmo que involuntárias em benefício de alguém. A implantação de planos de cargos e salários ou competências desmistifica essa prática, forçando a ação pragmática, sem privilégio, reconhecendo de forma justa a meritocracia, ancorados em métricas e avaliações que justifiquem essa atitude. Dessa forma, fica facilitada a gestão e também a clareza para quem se dedica e se destaca na busca de oportunidades.

As pessoas ou funcionários ou colaboradores possuem sonhos e vão às organizações prestarem serviços com intuito de angariarem recursos para realizarem esses sonhos. Nada mais justo que isso aconteça de forma ética, transparente. E novamente o texto viabiliza essa construção, desde a sua elaboração até a avaliação de resultados que possibilitam esse conjunto de passos com benefícios para as pessoas, organizações, sociedade, governo e aos acionistas pela melhoria de satisfação e de resultados sustentáveis junto a seus clientes.

A avaliação de desempenho sistemática e contínua propicia o crescimento pessoal e profissional das pessoas e a melhoria de performance das organizações. E o legal é que essa prática deixa como prêmio resultados efetivos para ambas as partes, é só praticar e ver. Novamente, os autores Romeu e Rogério caracterizam muito bem, merecendo destaque a conclusão e entrega do que foi concordado, de forma ágil e objetiva, descaracterizando muitas vezes a necessidade de grande conhecimento em troca de efetividade do resultado proposto. Por isso, a avaliação e *feedback* contínuos e programados trazem resultados viáveis e sustentáveis para a continuidade das organizações e as realizações dos que participam. Gostei muito da clareza e de como está exposto no texto a importância da conclusão nos prazos e a entrega do que foi acordado.

A dedicação com a abrangência do potencial público leitor, que envolve profissionais, técnicos, sindicalistas, legisladores, juristas, advogados, profissionais liberais, professores, funcionários públicos e outros, demonstra a preocupação dos autores Romeu e Rogério em reforçar a importância da matéria, procurando desmistificar eventuais equívocos. Mostra que o tratamento e o respeito ao Ser Humano, quando praticado com a mesma metodologia, sem privilégios, com justiça, construído em conjunto, traz benefícios a todos.

Minha reverência aos autores Romeu e Rogério, primeiro pelo respeito e admiração pela amizade. Em seguida, pelo carinho, cuidado e dedicação que sempre tiveram com o assunto, tratando com muita competência, estudando, aprendendo, transmitindo, demonstrando e ensinando ao longo de suas experiências profissionais. Vejam que, mesmo se tratando de uma política onde se procura reter talentos e, com o passar do tempo, gerar conhecimentos para as organizações, constantemente são feitas ligações com outras áreas de gestão de pessoas. A demonstração de crescimento salarial e atratividade no momento de recrutamento e seleção, as necessidades educacionais voltadas para o treinamento e desenvolvimento na geração de competências, os resultados demonstrados nas avaliações que viabilizam concessões de benefícios, a importância da saúde mental, física e espiritual possibilitando outras práticas que visam um ambiente sadio e com felicidade e, o mais importante, sempre envolvendo líderes e liderados.

É com essa amplitude e com satisfação que vejo esta obra.

Ao Romeu Huczok, um destaque especial. Conhecemo-nos quando ele exercia o cargo de Diretor de Comunicação da Associação Brasileira de Recursos Humanos, Seccional do Paraná, e era responsável por publicar aos domingos, numa página inteira, matérias sobre Recursos Humanos no jornal de maior circulação no Estado. Convidou-me para ajudá-lo nessa tarefa e, por quase dois anos, desempenhamos esse papel. O Romeu, com muita maestria e um cuidado exagerado nas palavras, mantinha as informações em um alto nível de qualidade sem nunca esquecer a simplicidade, pensando sempre no leitor. Esse raciocínio novamente está presente neste livro. Esse cuidado, esse respeito, essa dedicação e perseverança em suas crenças o caracterizam como um Ser Humano extraordinário e nossa amizade é permeada por essa filosofia de vida.

Por fim, cito "resultado" várias vezes neste prefácio por acreditar que sem este nada se consolida; vejam que não é só o resultado financeiro, mas a satisfação em pertencer, em colaborar, em comemorar, em estar presente, em participar. Minha experiência me dá essa convicção e novamente as pessoas estão no centro de tudo, e este livro, extraordinariamente, reforça isso. Parabéns aos autores.

Tenham uma ótima leitura e um aprendizado contínuo.

Vilson Luiz Zanatta –
Atualmente, Sócio-Diretor da Zaipo Equipamentos
e Ferramentas Ltda., em Curitiba (PR);
Controller em Ferragens Negrão Comercial Atacadista Ltda.;
Por mais de 20 anos, Gerente e Diretor de Recursos Humanos,
Planejamento e Qualidade na Ferramentas Gerais Ltda.;
Ex-Diretor e Conselheiro da Associação Brasileira de
Recursos Humanos – Seccional Paraná;
Ex-Diretor do Cenex – Centro de Excelência Empresarial
– Porto Alegre (RS);
Membro Fundador do Clube dos Desaposentados.

Sumário

Apresentação	V
Prefácio	VII
Capítulo I Plano de Cargos e Salários ou Gestão por Competências?	1
1. Conceitos e Definições	1
1.1 Plano de Cargos e Salários – PCS ou PCCR	1
1.1.1 Conceito de PCS	*1*
1.1.2 Objetivos do Plano de Cargos e Salários	*2*
1.1.3 Resultados a Serem Obtidos com o PCS	*3*
1.2 Gestão por Competências	4
1.2.1 Conceito de Gestão por Competências – GPC	*5*
1.2.2 Objetivos da GPC	*6*
2. Conclusão em Relação ao Questionamento do Título do Livro	6
Capítulo II Como Elaborar um Plano de Cargos, Salários e Carreira	7
1. Diagnóstico	7
2. O que Planos de Cargos e Salários Bem Conduzidos Poderão (ou Não) Resolver	8
3. Planejamento – Cuidados a Tomar Antes de Realizar um Plano de Cargos e Salários	10
3.1 Fatores Externos e Internos que Podem Influenciar	10
3.2 Planejamento / Envolvimentos	11
3.2.1 Envolvimento dos Gestores	*11*
3.3 Credibilidade	11
3.4 Comunicação / Expectativas	12
3.5 Demissões	13
3.6 Estrutura Organizacional – Processos – Cargos	13
4. Fases ou Etapas de um PCCS	14
4.1 Descrição de Cargos e Funções	15
4.1.1 Conceito de Cargo e Função	*15*
4.1.2 Outras Utilizações das Descrições de Cargo e Função	*16*
4.1.3 Modelo de Descrição	*17*
4.1.4 Cargo Amplo	*18*

  4.1.5 Componentes – Padrão ou Essenciais de uma Descrição 18
  4.1.6 Formas de Coleta de Informações para a
  Descrição de Cargo   19
  4.1.7 Titulação dos Cargos – C.B.O.   19
  4.1.8 Análise do Cargo – Grupo Ocupacional   20
  4.1.9 Análise do Cargo X Processo – Qualidade de Vida   21
  4.1.10 Padronização – Qualidade   21
  4.1.11 Validação das Descrições   21
4.2 Hierarquia Interna – Avaliação de Cargos   **22**
  4.2.1 Métodos de Avaliação de Cargos   22
    4.2.1.1 Método de Escalonamento, ou Comparação
    Simples, ou Comparação Cargo a Cargo   24
    4.2.1.2 Escalonamento em Relação ao Mercado   24
    4.2.1.3 Método das Categorias Predeterminadas   24
    4.2.1.4 Graus Predeterminados   24
    4.2.1.5 Escalonamento por Comparação aos Pares
    ou Binário   25
    4.2.1.6 Método de Comparação de Fatores   26
    4.2.1.7 Método de Avaliação por Pontos, ou por Fatores
    e Pontos   27
    4.2.1.7.1 Escolha dos Fatores de Avaliação   29
    4.2.1.7.2 Estabelecimento da Escala dos Graus dos Fatores 29
    4.2.1.7.3 Ponderação dos Fatores de Avaliação   32
    4.2.1.7.4 Avaliação dos Cargos   34
    4.2.1.7.5 Ranking   40
    4.2.1.7.6 Classificação dos Cargos – Número de Classes
    Salariais e Intervalo de Pontos   44
4.3 Comparação com Mercado (Pesquisa Salarial)   **45**
  4.3.1 Escolha dos Cargos / Funções   46
  4.3.2 Definição do Mercado (Empresas para a Pesquisa)   47
    4.3.2.1 Quantidade de Empresas para a Pesquisa   48
    4.3.2.2 Caderno de Pesquisa   49
    4.3.2.3 Análise dos Dados   49
    4.3.2.3.1 Frequência   49
    4.3.2.4 Correção dos Valores Salariais para uma
    Mesma Data-base   50
    4.3.2.5 Jornada de Trabalho   50
    4.3.2.6 Tabulação dos Dados   50
    4.3.2.7 A Questão dos Cálculos   51
  4.3.3 Pesquisas Adquiridas no Mercado   51
4.4 Elaboração da Tabela ou Grade Salarial   **51**
  4.4.1 Cálculo do Ajuste Correlação Pontos X Salário   52
  4.4.2 Montando a Grade de Forma Matemática   54
  4.4.3 Sobreposição de Faixas   55
  4.4.4 Análise dos Dados para Utilização Prática da Tabela   56
  4.4.5 Amplitude   56
  4.4.6 Aspectos Importantes para a Política de Implantação
  do PCS e o Uso da Tabela   59
  4.4.7 Carreira   60
  4.4.8 Piso da Categoria   62
  4.4.9 Salário Mínimo Profissional   62

4.4.10 Profissões Regulamentadas	62
4.4.11 Tabelas por Categorias	62
4.4.12 Tabelas por Região Geográfica	63
4.5 Enquadramento	63
4.5.1 Aspectos Legais Trabalhistas	64
4.5.2 Avaliação de Desempenho X Posição de Enquadramento	66
4.6 Cálculo do Impacto de Implantação do Plano	67
4.7 Registro do PCSC no Ministério do Trabalho	67
4.8 Política de Administração do PCS	68
4.9 Envolvimento do Sindicato	68
4.10 Comunicação da Implantação do Plano	68

Capítulo III Gestão por Competências X Remuneração — 69

1. A ADOÇÃO DA GESTÃO POR COMPETÊNCIAS NA REMUNERAÇÃO — 69
2. DESDOBRAMENTO DO CHA EM COMPETÊNCIAS TÉCNICAS E COMPETÊNCIAS COMPORTAMENTAIS — 70
   - 2.1 Competências Técnicas — 70
   - 2.2 Competências Comportamentais — 71
3. A AMPLIAÇÃO DO CONCEITO DE COMPETÊNCIAS: CONCEITO DA ENTREGA DO COLABORADOR — 72
4. A PERSPECTIVA RESULTADOS E O ALINHAMENTO COM A ESTRATÉGIA ORGANIZACIONAL — 73
5. A PERSPECTIVA COMPLEXIDADE — 74
6. A MENSURAÇÃO DO COEFICIENTE DE DESEMPENHO DO COLABORADOR — 74
7. INTEGRANDO A AVALIAÇÃO DE DESEMPENHO E COMPETÊNCIAS COM O PCS POR MEIO DO CDC E O CONCEITO DE ENTREGA DO COLABORADOR — 76

Capítulo IV Plano de Cargos, Carreiras e Salários para Órgãos Públicos — 79
  CARGOS DE GESTÃO – GRATIFICAÇÃO DE FUNÇÃO — 83

Anexo I O Inventário Comportamental para Mapeamento de Competências — 85
  CARACTERÍSTICAS DO INVENTÁRIO COMPORTAMENTAL — 85
  A METODOLOGIA — 86
  DEFINIÇÃO DO INVENTÁRIO COMPORTAMENTAL — 87
  A CONSTRUÇÃO DO INVENTÁRIO COMPORTAMENTAL — 87
  ORIENTAÇÕES PARA A APLICAÇÃO DO "GOSTO / NÃO GOSTO / O IDEAL SERIA" — 89
  COMPETÊNCIAS ORGANIZACIONAIS — 91
  INÍCIO DO PROCESSO MATEMÁTICO — 92
  COMPETÊNCIAS DE CADA FUNÇÃO — 93
  COMPETÊNCIAS DE CADA COLABORADOR — 94
  NCCo = NÍVEL DE COMPETÊNCIAS DO COLABORADOR, EM RELAÇÃO À ORGANIZAÇÃO — 96

Referências Bibliográficas — 99

Sobre os Autores — 101

Outros livros de Rogerio Leme — 105

Capítulo I

Plano de Cargos e Salários ou Gestão por Competências?

Neste primeiro capítulo pretendemos responder em poucas linhas o questionamento do título do livro mediante exposição do conceito das duas ferramentas e para que servem.

Alguns autores e consultores chegaram a declarar que os Planos de Cargos estavam acabados, que nestes tempos de globalização e alta competitividade o que iria predominar seria Gestão por Competências.

Podemos afirmar com segurança que isto não é verdade para a realidade brasileira. Precisamos ainda de ambas as ferramentas, as quais devem coexistir de forma integrada, porque na nossa forma de ver, têm papéis e objetivos diferentes, além do que a legislação trabalhista brasileira tem exigências que não permitem simplesmente importar modelos e aplicá-los aqui.

1. Conceitos e Definições

1.1 Plano de Cargos e Salários – PCS ou PCCR

1.1.1 Conceito de PCS

Podemos conceituar um PCS – Plano de Cargos e Salários ou PCCS - Plano de Cargos, Carreira e Salários, ou PCCR – Plano de Cargos, Carreira e Remuneração, como um **"sistema que estabelece um conjunto de regras para administração dos salários pagos e a carreira dos colaboradores de uma empresa, mediante análise da demanda ou atribuição dos cargos X habilitação individual necessária para obter a justiça interna (avaliação dos cargos) e avaliação externa (pesquisa de mercado), objetivando o equilíbrio entre a necessidade de atração e retenção de pessoas e a capacidade de pagar (custo da mão de obra no produto ou serviço), observando a legislação trabalhista."**

A diferença sutil entre salário e remuneração é que o salário é aquele valor do contrato de trabalho ou anotado na carteira profissional que o trabalhador recebe. Remuneração é a soma de tudo que compõe o que ele ganha em dinheiro, além do salário, os benefícios pecuniários, como vale-transporte, vale-refeição, comissões, gratificações etc. E remuneração deve ser considerada em uma das fases do PCS.

1.1.2 Objetivos do Plano de Cargos e Salários

Do ponto de vista técnico, o objetivo quanto aos critérios para elaboração do PCS é o equilíbrio dos componentes **Demanda do Cargo (DC)**, isto é, as atribuições ou responsabilidades a qual têm que ser equivalentes à **Habilitação Individual (HI)** necessária, e as duas equilibradas com **Remuneração (R$)**, o valor a ser pago ao cargo.

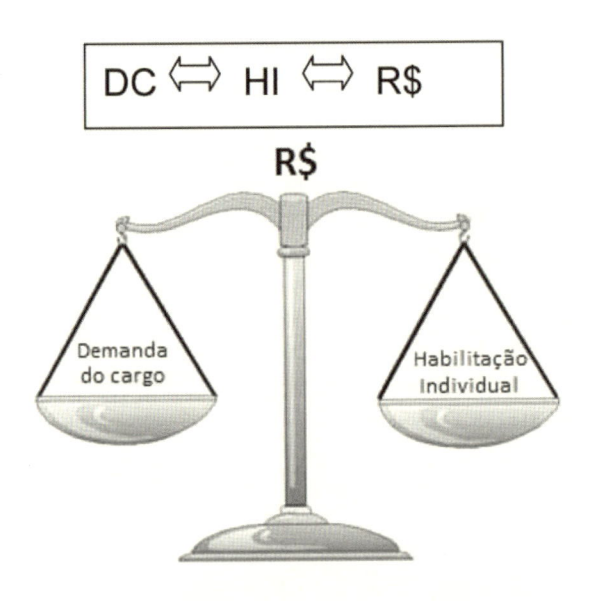

Figura 1 – Equilíbrio dos componentes do PCS

Do ponto de vista empresarial ou da área de Recursos Humanos, ou Gestão de Pessoas, o objetivo do PCS é proporcionar a **atração e retenção** dos colaboradores e regras para administrar os salários.

Busca-se ainda com o PCS, ou o que este pode proporcionar entre outras coisas:

- Organização de atividades (cada colaborador deve saber o que é esperado dele na sua função);
- Equidade / equilíbrio interno e externo;
- Dimensionamento da massa salarial (aspecto financeiro) – quanto custa a folha de pagamento;
- Estabelecer parâmetros de diferenciação estáveis entre os cargos e os salários dos ocupantes;
- Evitar problemas legais trabalhistas;
- Instrumento de gestão da evolução salarial e carreira.
- Indiretamente, depois de um Plano de Cargos concluído com suas políticas, ganha-se muito tempo que os gestores despendiam antes do plano para analisar pedidos e questões de remuneração do quadro de pessoal.

Portanto, o PCS organiza os cargos e funções dentro de uma estrutura e define quanto se vai pagar. A evolução no mesmo (carreira) é um subproduto decorrente da classificação dos cargos e a forma definida nas políticas.

1.1.3 Resultados a Serem Obtidos com o PCS

O melhor resultado que acreditamos é o reflexo no clima de trabalho, a satisfação do colaborador que vê seu trabalho sendo recompensado de uma forma justa, portanto a procurada **retenção**.

Uma empresa com PCS bem elaborado adquire uma melhor imagem no mercado perante clientes, fornecedores, sindicato, candidatos a emprego, Justiça do Trabalho. Reduz o tempo de gestores discutindo problemas salariais, além de minimizar problemas legais trabalhistas. Pode proporcionar transparência à gestão de RH. Ele também é a base para quase todos os outros subsistemas de RH. Na sequência de organização e planejamento estratégico de RH, ele deve ser o primeiro a ser executado.

Algumas empresas fazem a opção por não implantar Gestão por Competências sem antes ter construído o PCS. Não existe uma regra, pois depende da situação e das prioridades do negócio.

1.2 Gestão por Competências

Não vimos nenhum autor discordar do conceito do que é competência partindo do famoso CHA, onde:

CONHECIMENTOS
Informação
Saber o quê
Saber o porquê

COMPETÊNCIA

Saber como
Técnica
Capacidade
HABILIDADES

Querer fazer
Identidade
Determinação
ATITUDES

Figura 2 – Competência = CHA

Existe uma variação, uma infinidade de autores e conceituações para competências na forma de ver o CHA. Inicialmente vamos ficar com a de Scott B. Parry:

> Um agrupamento de conhecimentos, habilidades e atitudes correlacionadas, que afeta parte considerável da atividade de alguém, que se relaciona com seu desempenho, que pode ser medido segundo padrões preestabelecidos, e que pode ser melhorado por meio de treinamento e desenvolvimento.

Entretanto, é fundamental deixar o registro que somente um conjunto de Conhecimentos, Habilidades e Atitudes não é suficiente para a Organização, afinal, o que deve ser considerado são as competências que o colaborador ENTREGA para a Organização, pois ter a competência e não entregar, não agrega valor para a empresa.

Nesta visão, a entrega do colaborador pode ser mensurada por quatro perspectivas básicas: Competência Técnica, Competência Comportamental, Resultados e Complexidade. Da resultante destas quatro perspectivas temos o Coeficiente de Desempenho do Colaborador – o CDC – que representa a efetiva entrega dele para a Organização.

Falaremos mais deste conceito no Capítulo III. Como referência, o conceito da Entrega foi trabalhado no segundo livro de Rogerio Leme, "Avaliação de Desempenho com Foco em Competência – A Base para a Remuneração por Competências", publicado por esta mesma editora, a Qualitymark.

1.2.1 Conceito de Gestão por Competências – GPC

Em uma visão macro, Gestão por Competências, ao contrário do que muitos dizem, não é ter a pessoa certa no lugar certo. Na realidade, esta é uma consequência da Gestão por Competências, uma vez que o seu principal objetivo é "Conduzir as pessoas para que elas possam atingir a Visão da organização por meio de suas Competências Técnicas e Comportamentais".

Entretanto, considerando a metodologia que vamos tratar e pensando no Sistema de Gestão por Competências – GPC, podemos então conceituar que GPC é um **"Sistema que visa mapear as competências técnicas e comportamentais necessárias para as funções de uma empresa de acordo com as características do negócio, graduá-las e atribuir--lhes uma forma de aferi-las de maneira objetiva por meio de indicadores, identificar os *gaps* de cada colaborador avaliado e estabelecer um Plano de Desenvolvimento das mesmas, fazendo o seu acompanhamento."**

A figura abaixo ajuda a entender este conceito:

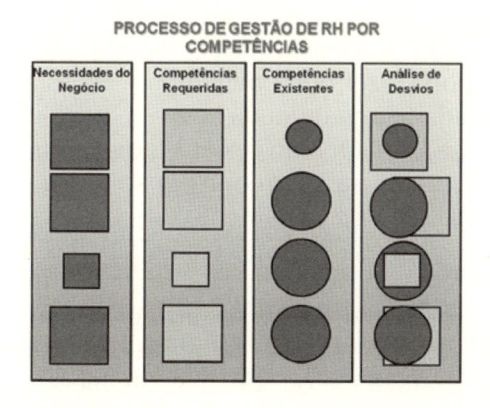

Figura 3 – Processo de Gestão de RH por Competências

Interpretando a figura podemos identificar na última coluna, na primeira linha, o colaborador avaliado tem muito menos competências do que o necessário. A zona mais clara representa os *gaps* ou necessidades de competências identificadas na avaliação. Na segunda linha, última coluna, tem uma zona mais clara que o ocupante da função não tem, isto é, tem um *gap* grande. Em compensação, tem muitas competências que não são necessárias para a função, isto é, o colaborador tem um potencial que pode ser utilizado em outra função. Na terceira, tem muito mais do que necessita, as competências do indivíduo estão sendo subaproveitadas, o que gera desmotivação. E na última, a situação que interpretamos como próximo do ideal, pois o indivíduo tem em torno de 90% das competências necessárias para uma função, mas tem um desafio para atingir outras.

1.2.2 Objetivos da GPC

Identificar e desenvolver as competências dos integrantes da empresa de acordo com sua missão, visão e valores, seus objetivos estratégicos e as atribuições e responsabilidades de cada função.

Fornecer dados para o levantamento de necessidades dos programas de treinamento e desenvolvimento.

Proporcionar informações para o Banco de Talentos como apoio ao Plano de Carreira e para Projetos.

2. Conclusão em Relação ao Questionamento do Título do Livro

Como acabamos de ver, um Plano de Cargos e Salários serve para atribuir a remuneração de forma justa atendendo princípios legais, mas o Sistema de Gestão por Competências foi criado fundamentalmente para ajudar a desenvolver competências das pessoas e das empresas.

Então, você pode fazer outra pergunta: – E Gestão por Competências pode ser utilizada para remunerar?

Por favor, ouça um SONORO NÃO, pois remunerar não é o objetivo da GPC. Uma empresa que remunera somente por competências vai acabar com sua folha de pagamento "inchada", sem o necessário resultado e ainda pode ter sérios problemas trabalhistas. É o que vamos ver no Capitulo III.

Diferente do princípio da Avaliação de Desempenho com Foco em Competências que deve, sim, ser utilizada para as políticas de remuneração, justamente para focar os princípios de meritocracia que devem estar pautados em um modelo de gestão de pessoas.

A seguir, no Capitulo II, vamos ver os passos para se elaborar um PCS.

Capítulo II

Como Elaborar um Plano de Cargos, Salários e Carreira

O título do capítulo é autoexplicativo sobre o seu conteúdo. Não pretendemos com esta obra discorrer a parte de cálculos estatísticos de um PCS. Queremos falar da estratégia e das técnicas mais adequadas para construir e implantar um PCS.

Sobre os cálculos matemáticos, muitos livros excelentes já foram elaborados sobre o assunto relacionados nas referências bibliográficas, entre os quais os autores Benedito R. Pontes, Beverly G. Zympeck e Luiz Paschoal.

Pretendemos explicar a elaboração do PCS de maneira simples, discorrendo da forma mais didática possível a na sequência em que elas devem acontecer e, também, alertar para outras perspectivas que nem todos os autores abordam, com base na experiência da consultoria e nos problemas que as empresas e os profissionais enfrentam, destacando principalmente, sua integração com Gestão por Competências, o que será abordado adiante, no capítulo III.

1. Diagnóstico

"Um diagnóstico bem feito é metade do problema resolvido."

Algumas coisas parecem óbvias, mas precisam ser repetidas: quando se visualiza a empresa, imaginamos um negócio com foco claro, funcionando com Missão, Visão de Futuro e Valores (crenças) definidos.

Se o negócio não está bem, questões societárias pendentes, divergências políticas sobre como conduzi-lo, estrutura mal definida, por mais que queiramos, não será um plano de cargos ou gestão por competências que vai conduzir o negócio ao sucesso. Neste cenário, este papel compete a um Planejamento Estratégico e a um diagnóstico bem feitos, com decisões e ações para resolver as questões.

Já aconteceu mais de uma vez na atividade de consultoria de uma empresa nos chamar para fazer um plano de cargos e salários porque estava perdendo funcionários para o mercado. Em um dos casos, bastante interessante, o negócio era de ferramentas de precisão. Uma empresa lucrativa e com uma boa carteira de clientes.

Durante a execução do trabalho foi feito um diagnóstico e os gestores da empresa foram alertados que embora o PCS contratado fosse realizado de forma técnica, não resolveria a questão de perda de funcionários.

O problema principal de perda de pessoas estava ligado à falta de determinados profissionais especializados no mercado. Foi sugerido contatos com os concorrentes, para que, em conjunto com uma entidade como o SENAI, elaborarem gestões para formar mão de obra para o seu mercado. Inclusive a consultoria sugeriu para trabalharem com mão de obra feminina, por ser uma atividade técnica de precisão, dando cursos para mulheres interessadas que residiam no entorno da empresa e contratarem na medida da necessidade.

Nenhuma das sugestões foi acatada, porque os sócios haviam cortado relacionamento com os concorrentes e não queriam reatar, a ponto de não conseguirmos participação de outras empresas na pesquisa salarial. E por terem tido no passado um episódio muito específico, não contratavam mais pessoas do sexo feminino.

Então, por puro preconceito e orgulho, o negócio tenderia a ter problemas sérios. Moral da história: um Plano de Cargos pode ser muito bem elaborado tecnicamente, mas não vai resolver todos os problemas da empresa. É preciso ter clareza do que ele pode ajudar a resolver e o que não pode.

2. O que Planos de Cargos e Salários Bem Conduzidos Poderão (ou Não) Resolver

a) Questões de reclamações sobre comparações internas, refletindo no clima organizacional

"Fulano ganha mais do que eu, ou o seu cargo tem menos responsabilidades que o meu." Certamente você já ouviu esta ladainha. Isto se resolve com o reestudo e reavaliação dos cargos. Teremos assim a justiça interna **dos cargos**.

Se a reclamação é que "Sicrano ganha mais do que eu e faz bem menos", de pessoas com cargos semelhantes, já pode ser uma questão de avaliação de desempenho. Trata-se de justiça com **pessoas**, resolvida com um bom sistema de avaliação de desempenho, a ser tratado adiante.

Pesquisas revelam que a maioria das reclamações dos colaboradores em relação a salários nas empresas se referem à injustiça interna. As reclamações referentes a comparações com o mercado, a empresa até pode, por uma questão de custos e competitividade, ter uma política de pagar abaixo da média. Mas se na hierarquia dos cargos a justiça interna está bem feita, ela pode justificar e ser aceita pelos colaboradores.

Os salários de quase todos os cargos podem estar abaixo do mercado. Um exemplo de motivo e argumento: "nosso componente de custo do salário no preço do produto não comporta melhorias salariais, pois deixaremos de ser competitivos." É melhor ser transparente na comunicação e assumir tentando gerar um compromisso com os colaboradores para melhoria quando os resultados o permitirem. E pode ser complementado com participação nos resultados ou outras políticas, evidenciando o composto da remuneração, sem aumentar o custo fixo.

b) Empresa perdendo pessoas para o mercado por causa de salários baixos

Recomendamos sempre que se faça estatística das entrevistas de desligamento e que se saiba com certeza se o problema é realmente salário. Muitas vezes a culpa recai no salário, até por comodismo e falta de aprofundamento nas reais questões, pois o fato predominante pode ter sido outros motivos, como problemas com a chefia, falta de oportunidade, injustiça, inadaptação etc. Se for realmente salários, um Plano de Cargos e Salários bem feito pode resolver o problema.

c) Gestores perdendo muito tempo discutindo questões salariais, inseguros para decisões

Um bom PCS com uma política de remuneração clara e com as instâncias decisórias definidas resolve. Isto é, um PCS bem feito com os devidos envolvimentos permite descentralizar a gestão das práticas de RH, bem como gerar mecanismos para atração e retenção de pessoas, realizar a comparação salarial com o mercado, com a finalidade de administrar melhor os custos e estratégias de RH, melhorar a imagem da área e da empresa, consolidando a identificação da área como estratégica.

d) Questões trabalhistas e sindicais

Já vimos empreendimentos fecharem por impossibilidade de quitarem reclamações trabalhistas na Justiça. Muitas empresas não se preocupam com as questões legais nas decisões sobre a questão de remuneração e quando se dão conta se vêm envolvidas com demandas judiciais que acarretam prejuízos enormes.

E uma vez formada uma imagem negativa perante a Justiça do Trabalho, o que implica em tendência a influenciar nas decisões dos juízes, é muito difícil recuperá-la. Um PCS bem feito pode prevenir e evitar perdas em demandas trabalhistas. Por outro lado, facilita o relacionamento e pode ajudar a evitar problemas com sindicatos.

d) Clima organizacional e imagem

Na medida em que o Plano for justo, bem elaborado tecnicamente e administrado adequadamente, torna os funcionários satisfeitos, com reflexos no clima interno e na imagem da empresa, pois os colaboradores é que vendem e ajudam a formar a imagem.

Por consequência, um PCS bem feito vai ajudar fundamentalmente na qualidade e produtividade, bem como definir o custo fixo justo e real do componente mão de obra no preço do produto ou serviço.

3. Planejamento – Cuidados a Tomar Antes de Realizar um Plano de Cargos e Salários

3.1 Fatores Externos e Internos que Podem Influenciar

Um PCS não pode simplesmente ser copiado de outro, ou seja, de uma empresa para outra. Tem que ser feito e ainda, sob medida. Cada tipo de empresa precisa ser estudada de uma forma sistêmica de acordo com o segmento de negócio, sua Missão, Visão, Valores, Cultura, posicionamento salarial de mercado, rentabilidade, custos de mão de obra no produto ou serviço etc.

Alguns outros fatores que devem ser considerados:
- tipo de negócio e tamanho;
- ameaças e oportunidades;
- o mercado em que está inserido, estágio (crescimento ou não);
- tecnologia utilizada;
- grau de investimentos e situação de caixa;
- moral interno, expectativas dos colaboradores;
- histórico do relacionamento empresa-colaboradores;
- problemas trabalhistas e sindicais;
- grau de abertura à participação dos segmentos hierárquicos nas decisões e processos de trabalho;
- maturidade / experiência de empregados e dirigentes em processos de RH;

- concorrência em mão de obra;
- localização da empresa.

3.2 Planejamento / Envolvimentos

É fundamental saber o que se quer com o PCS, que objetivos se propõe, se vai entrar o sistema de competências no projeto, se vai ter avaliação de desempenho, como será feito, pessoas e áreas envolvidas, se vai capacitar pessoas para fazer internamente a implantação ou contratação de consultorias, clarificar as etapas e responsabilidades etc.

Existem empresas que implementam pesquisas de clima, por exemplo, para saber o que os colaboradores estão pensando e falando sobre a mesma. Muitas vezes, quando a pesquisa revela o que os colaboradores pensam, os gestores levam um susto com todos os problemas que apareceram e engavetam a pesquisa.

Ora, "quem pergunta quer saber", mas tem-se que estar disposto a realizar o que for preciso. A Pesquisa de Clima levanta uma expectativa e é esperada uma política de consequências para melhoria dos problemas levantados. No caso do PCS, tais expectativas também, e tudo isto precisa ser visto antes.

3.2.1 Envolvimento dos Gestores

Muitos projetos de RH nas empresas não funcionam por falta do envolvimento das demais áreas, além do RH. E no caso de PCS, o envolvimento de todas as áreas também é fundamental. Se o mesmo for feito somente pelo pessoal do RH / Gestão de Pessoas, ou se a Diretoria pensa que PCS é problema do RH, não querendo que participação do pessoal de Produção ou de Vendas por julgar que estariam "perdendo tempo" com o assunto, o projeto tende a não funcionar adequadamente, podendo não resolver alguns dos problemas que a empresa tem.

É preciso que todas as áreas participem do PCS, sentindo-se também "donas" do projeto. Desta forma, até pode demorar um pouco mais para planejar e executar, mas em contrapartida, a implantação vai ser rápida e sem rejeições. É preciso que cada gestor seja considerado e assuma ser um gestor de pessoas e como tal, que conheça e participe dos projetos envolvendo a área do RH ou Gestão de Pessoas.

3.3 Credibilidade

Um Plano de Cargos e Salários não pode ser realizado de forma amadora, numa sala fechada, somente com participação da equipe de

RH. Para ter credibilidade, ele precisa ter um método aceito como justo por todos e transparência. Se for visto como uma "caixa-preta" feita por um grupo fechado, não vai ter a credibilidade necessária para funcionar.

O envolvimento dos gestores é essencial, os quais devem participar ativamente de todas as etapas para gerar o comprometimento e credibilidade necessários. E quem deve administrar o PCS são os gestores, a área de RH deve ser o apoio e guardiã para que a aplicação dele não seja distorcida.

O Plano de Cargos e Salários não pode ser visto como sendo "coisa do RH", é o Plano da empresa. Se os gestores participarem de sua construção, sentir-se-ão também "donos" do mesmo, farão tudo para que seja implementado e mantido dentro das políticas traçadas, gerando a necessária credibilidade interna.

O <u>patrocínio</u> do PCS também é fundamental. A alta direção tem que participar da etapa de planejamento e também no início e final do processo, reforçando os objetivos que se pretende alcançar.

Sabe-se também que salário no Brasil é irreversível, portanto, salários concedidos de forma pouco técnica ou convincente pode gerar prejuízos financeiros e reflexos no clima de trabalho difíceis de serem revertidos ou recuperados. Plano de Cargos e Salários é um trabalho de muita responsabilidade.

3.4 Comunicação / Expectativas

É muito comum, no que se inicia o trabalho, a "rádio-peão" interpretar o início de um projeto de PCS como aumento de salário para todos. É fundamental que todo o processo, as etapas e os fatores envolvidos sejam explicados com clareza ainda no início do projeto, justamente para evitar expectativas que não serão atendidas. As variáveis são muitas para interpretar e afirmar que haverá aumentos. Isto poderá ou não ocorrer, dependendo de cada caso que deve considerar questões como:

- as atribuições do cargo / função;
- quanto valerá o cargo de cada um, depois de avaliado;
- qual vai ser a política da empresa em relação ao mercado;
- os valores da tabela salarial;
- os custos dos enquadramentos, se a empresa poderá suportar;
- os critérios de enquadramentos;
- se vai ser considerado o desempenho;
- tempo de casa, entre outras.

Depois destas questões, um PCS pode concluir, por exemplo, que a empresa está pagando até acima do necessário, em relação à hierarquia interna ou ao mercado. Isto significa que, no exemplo, não haveria aumento salarial, e se a cultura interpreta que PCS significa aumento, podemos ter alguns conflitos e gerar um mal-estar. Portanto, PCS requer cuidados na administração de cada caso.

3.5 Demissões
Um empresário ou gestor não precisa ter curso superior, MBA ou um consultor para dizer-lhe que um colaborador não tem bom desempenho. Ele sabe com precisão os que entregam com qualidade, têm produtividade e os problemáticos. Se demissões precisam ser feitas, devem ser executadas antes da implantação de qualquer projeto de gestão de pessoas, principalmente um PCS. Todo projeto implementado seguido de demissões, na leitura do chão de fábrica, a culpa sempre cairá no projeto, seja de estrutura, PCS, avaliação de desempenho etc.

E caso ocorram demissões logo depois de um plano de cargos, por exemplo, ou de um programa de avaliação de desempenho, a culpa cairá no projeto, que será "queimado". Se a empresa quiser retomá-lo um dia, vai levar muitos anos para recuperar a imagem. Algumas empresas até usam um artifício, por exemplo, mudar o nome de um projeto de avaliação de desempenho que não deu certo para "gestão da *performance*" para poder reiniciar, porque os acontecimentos fizeram com que a cultura interna rejeitasse qualquer processo nessa área. Portanto, se houver demissões a serem feitas, que sejam antes da implantação do projeto.

3.6 Estrutura Organizacional – Processos – Cargos
Todo negócio inicia com uma ideia, atendendo uma necessidade de mercado. Geralmente começa pequeno e vai crescendo, com ele a estrutura. Inicialmente com os sócios, parentes, amigos, amigos dos amigos etc. As responsabilidades na estrutura começam com as afinidades de cada sócio com a área, depois vai se profissionalizando até necessitar de um organograma e profissionais para cuidarem somente de um subsistema especificamente, por exemplo, recrutamento e seleção.

Uma estrutura ideal deve ser desenhada a partir de processos, onde os fluxos de comunicação são estudados, objetivando qualidade, produtividade, bom atendimento aos clientes. Os cargos devem ser consequência da estrutura organizacional, para que a empresa tenha eficiência e eficácia. E não um "personograma", ou seja, atribuições geradas para pessoas de maneira não estruturada.

Uma estrutura mal desenhada terá consequência negativa nos cargos, bem como na avaliação e remuneração, inclusive com reflexo nas carreiras.

Portanto, antes de iniciar projetos nessa área, é fundamental revisar a estrutura (organograma) com base nos processos. Um cargo deve ser visto como "cadeira vazia". A pessoa que vai ocupá-lo, seu desempenho, seu salário pessoal é outra coisa.

Terminando a abordagem sobre as questões subjacentes à implantação de um PCS, vamos ver agora como é feita a sua construção.

4. Fases ou Etapas de um PCCS

A elaboração de um Plano de Cargos, Carreira e Salários, após os estudos e planejamento citados, esclarecimento de expectativas, comunicação e comprometimento de dirigentes e gestores, para ser bem realizado compõe-se das seguintes etapas:

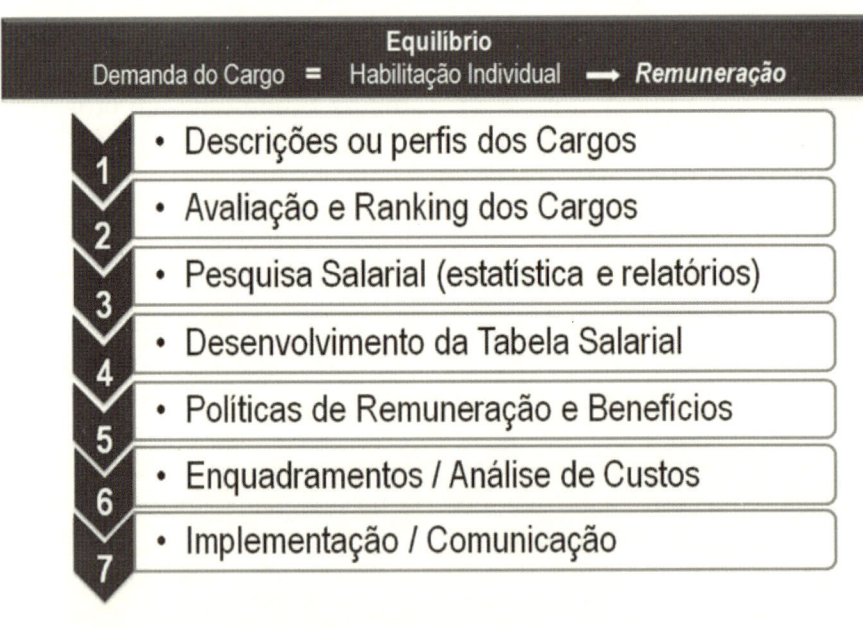

Equilíbrio
Demanda do Cargo = Habilitação Individual → *Remuneração*

1. Descrições ou perfis dos Cargos
2. Avaliação e Ranking dos Cargos
3. Pesquisa Salarial (estatística e relatórios)
4. Desenvolvimento da Tabela Salarial
5. Políticas de Remuneração e Benefícios
6. Enquadramentos / Análise de Custos
7. Implementação / Comunicação

Figura 4 – Fases ou etapas do PCS

Vamos falar agora de cada uma das etapas e como ela se realiza.

4.1 Descrição de Cargos e Funções

Como vamos falar inicialmente de PCS e, posteriormente este integrado com gestão por competências, é fundamental definir alguns outros conceitos:

4.1.1 Conceito de Cargo e Função

Cargo – É o título resultante do agrupamento de atribuições ou responsabilidades de mesma natureza, nível de complexidade e requisitos. O cargo é plural e genérico como se fosse o sobrenome de uma família:

Ex.: Assistente Administrativo, Analista, Jogador de Futebol, Operador de Máquina.

Função – É o conjunto de atividades, tarefas, atribuições, responsabilidades efetivamente exercidas pelo ocupante de um posto de trabalho, com a sua especificidade. A função é singular e específica, como se fosse o nome da pessoa.

Ex.: Assistente de <u>Contas a Pagar</u>, Analista de <u>Crédito</u>, <u>Ponta Esquerda</u>, <u>Operador de Máquina CNC</u>.

Então, quando estas funções são de nível de complexidade semelhante, exigindo requisitos ou competências parecidas para exercê-las, podemos ter várias funções dentro de um cargo, com o mesmo valor relativo.

Teremos assim poucos cargos num PCS, mas muitas funções. Este conceito ajuda a evitar problemas trabalhistas e o desenvolvimento de competências, bem como a motivação para a carreira. Exemplo:

Cargo – Assistente Administrativo

Atribuições principais: Executar atividades de apoio em área administrativa, como digitação, lançamento de dados em planilhas e formulários eletrônicos, controles físicos, atendimento telefônico e presencial.

Dentro deste cargo poderão estar várias funções, que pressupõem natureza e complexidade similares: Assistente de Contas a Pagar, Assistente de Pessoal, Assistente Contábil. Em geral é o processo que desenvolvem. Todos eles fazem, de forma ampla, o que está na descrição do cargo, em áreas diferentes. Na fase de avaliação e classificação do cargo e função, adiante, é que vai se verificar o "tamanho" do mesmo e se for o caso, outra classificação.

Num Plano de Cargos, conforme vamos demonstrar, pode-se trabalhar com **cargo e função,** mas num Programa de Gestão por Competências, deve-se trabalhar com **função**, caso contrário, tudo vai ser genérico.

E pode-se trabalhar com salários individuais diferentes, de forma legal e sem riscos, se os critérios de pagamento de salários forem bem elaborados, com política clara sobre a evolução salarial, possuir um bom sistema de avaliação de desempenho e se a política traçada for realmente praticada.

Se não tiver avaliação para diferenciar o desempenho de um e de outro na mesma função, os salários devem ser idênticos, salvo se tiverem mais de dois anos de diferença na função ou estiverem em outra região geográfica (art. 461 CLT).

A descrição de cargos ou funções é uma ferramenta básica que pode ter um múltiplo uso, não só para o Plano de Cargos e Salários. É importante antes de elaborá-la definir para que servirá, pois desta forma realiza-se a coleta de informações de uma só vez, envolvendo as áreas clientes, evitando retrabalhos e desgastes.

Podemos afirmar que a descrição de cargos e funções é uma das principais ferramentas da área de RH ou gestão de pessoas, dada sua utilização em vários outros subsistemas. Nem sempre se dá à mesma o devido valor, razão pela qual resolvemos aprofundar este assunto.

4.1.2 Outras Utilizações das Descrições de Cargo e Função

Elas podem servir, além do PCS para:

- **organizar as atividades do setor**, definindo as atribuições de cada colaborador com clareza, evitando sobreposições de tarefas e falta de definição e de quem cobrar, melhorando a qualidade;
- **definir níveis de autoridade e responsabilidade**. Pode constar, na própria descrição, quais os limites e alçadas do ocupante do cargo ou função;
- **utilizar no Recrutamento e Seleção**. Se estiver atualizada, o recrutador não precisa tomar tempo do requisitante para aprofundar necessidades. Pode ser apresentada ao candidato para este ter clareza do que é esperado dele;
- **no Programa de Integração**, logo após o processo de admissão. O superior imediato pode dar clareza do que espera do colaborador. Com isto evita-se perda de tempo e ganha-se qualidade e produtividade;
- **na área de Segurança, Medicina e Higiene do Trabalho**, o PCMSO (Programa de Controle Médico de Saúde Ocupacional-NR7). Para não ter dois perfis, a descrição pode ser ampliada num modelo do PPP (Perfil Profissiográfico Previdenciário);

- **na Avaliação de Desempenho.** Com este instrumento na mão, ela mesma pode ser um critério de avaliação parcial, pois se pode avaliar com que qualidade o colaborador entrega cada uma de suas atribuições ou responsabilidades.
- **nas pesquisas salariais.** É fundamental ter um resumo das atribuições ou missão do cargo, para auxiliar a pesquisa;
- **na Gestão por Competências.** Se a organização tem definido que vai trabalhar com GPC, já pode realizar as descrições de todas as funções. A descrição é a melhor ferramenta inicial para se mapear as competências, principalmente as técnicas.

Abaixo um quadro-resumo do uso das descrições de cargo / função, pelos diversos subsistemas de RH e Qualidade, e das informações contidas nas descrições de cargo:

Recrutamento e Seleção	Atribuições, responsabilidades, formação, experiência, competências técnicas e comportamentais
Programa de integração	Atribuições
Avaliação de desempenho	Atribuições, responsabilidades, competências técnicas e comportamentais, fornecedor e cliente
Análise de estrutura organizacional e seu dimensionamento	Vínculo das atribuições aos processos de trabalho, periodicidade (tarefas diárias, semanais, mensais, anuais), tempo dedicado
Segurança, Higiene e Medicina do Trabalho	Atribuições e responsabilidades
Qualidade	Responsabilidades, processos, fornecedor e cliente da atividade
Gestão por Competências	Atribuições – Mapeamento: Competências Técnicas e Comportamentais.
Plano de Cargos e Salários –Avaliação de Cargos – Carreira	Atribuições – responsabilidades – formação / experiência – contatos – decisões que toma
PPP	Perfil Profissiográfico Previdenciário

Tabela 1 – Quadro-resumo do uso das descrições de cargo / função

4.1.3 Modelo de Descrição

Não existe um modelo ideal, pois depende do tipo de negócio, se é empresa pública ou privada, do tamanho da organização, para que vai ser utilizada a descrição.

Uma descrição pode conter:
- O que o cargo deve fazer;
- O que, e o porquê deve fazer.

Processos e Procedimentos (o "como fazer"), não devem constar na Descrição de Função. Não que uma empresa não deve ter o registro destes, entretanto, estas questões se referem à Gestão de Processos ou ao Sistema da Qualidade. Jamais na descrição de função, pois processos e procedimentos podem mudar com maior frequência, o que tornaria a Descrição de Função impossível de ser mantida atualizada.

4.1.4 Cargo Amplo
Muitas organizações trabalham com cargo amplo. O conceito de cargo amplo foi criado a partir da visão de processos dentro dos programas de qualidade e trabalho em células. Significa o cargo atuar dentro de um processo completo e de forma polivalente, em várias funções.

Isto permite flexibilidade, rotação nas funções e simplificar a administração do Plano. Permite também ter uma carreira onde o ocupante pode avançar à medida que aprende a executar as atividades das várias funções dentro de um cargo numa célula.

Por exemplo: Operador I conhece e executa somente uma parte do processo; Operador II, duas partes. O Operador IV conhece, tem habilidades e executa todos os processos da célula e ainda ensina os novos. Neste caso a descrição ocupa poucas linhas, de forma genérica, onde pode-se enquadrar várias funções.

4.1.5 Componentes – Padrão ou Essenciais de uma Descrição
Uma descrição básica deve conter:
- Título do cargo ou função;
- Área de lotação (Departamento, Setor);
- Propósito do cargo, objetivo final, missão ou resumo das atribuições;
- Tarefas, atividades, atribuições e responsabilidades;
- Qualificação ou escolaridade mínima necessária;
- Experiência (tempo necessário para aprender a executar as atividades).

Outros Componentes:
- posição na estrutura organizacional;
- cargos subordinados, se função de liderança;
- nível decisório (autoridade ou poder para decidir, alçadas);
- fornecedor e cliente das atividades;
- competências Técnicas e Comportamentais;
- condições ou pré-requisitos para acesso ao cargo (escolaridade, experiência, competências, certificações, habilitações etc.);
- uso de EPI – Equipamento de Proteção Individual (quando cargo operacional);
- dados do Perfil Profissional Profissiográfico;
- outros fatores ligados aos fatores de avaliação do cargo / função, se for o caso. Isto para facilitar o trabalho de avaliação no comitê;
- outras informações que a empresa decida colocar para facilitar sua gestão.

4.1.6 Formas de Coleta de Informações para a Descrição de Cargo

As informações necessárias para realizar uma descrição de cargo ou função podem ser obtidas de várias formas:

- observação do posto de trabalho (mais utilizado para cargos operacionais);
- questionário;
- entrevista;
- método misto (questionário e entrevista);
- treinamento e coleta coletiva, onde geralmente é proporcionado um treinamento rápido em grupo de como se faz a descrição e o próprio ocupante a realiza, utilizando, em vez de questionário, o próprio formulário de descrição de cargo. É o método que a consultoria dos autores utiliza, por ser mais rápido. Posteriormente, se necessário, é realizada uma entrevista para aprofundar dados. Para ocupantes de cargos operacionais, utiliza-se o apoio do superior imediato.

4.1.7 Titulação dos Cargos – C.B.O.

É importante que os títulos dos cargos obedeçam a um padrão de mercado, para facilitar a sua identificação no caso de pesquisa salarial, e que identifiquem realmente o que o cargo faz, de forma objetiva e curta. Por exemplo, se um cargo passa 80% do tempo arquivando papéis, poderia ser um Arquivista. O ideal seria que o título fosse igual ao Código Brasileiro de Ocupações, que pode ser consultado, mas infelizmente nem sempre se encontra a similaridade adequada, além do que encontra-se desatualizado.

Mas, a empresa pode definir o título que bem entender, salvo legislação especifica para alguns casos.

4.1.8 Análise do Cargo – Grupo Ocupacional

A **natureza da atividade** permitirá, na análise do cargo, enquadrá-lo em geral em cinco grupos ocupacionais principais:

> **Operacional**: são cargos que executam tarefas operacionais como Operador de Máquina, Pintor, Mecânico etc. Neste grupo, não se encontram cargos que exijam como pré-requisito nível superior.
> **Administrativo**: cargos cuja natureza é administrativa, executando tarefas típicas de escritório, como Recepcionista, Assistente, Secretária, Analista etc.
> **Técnicos**: as atividades dos ocupantes desses cargos são de natureza técnica e, em geral, exigem formação de técnico de nível médio, como Técnico Eletrônico, Técnico de Suporte, Desenhista. Podemos também, dependendo da configuração do plano pelo tipo de empresa, quando são poucos, enquadrá--los no grupo ocupacional Administrativo.
> **Executivos ou Gerenciais**: são cargos cuja natureza é exercer atividades de comando, gerenciamento, direção. Aqui estão os Gerentes, Diretores e dependendo da estrutura, supervisores, coordenadores.

É comum, principalmente em empresas estatais e órgãos públicos, ter um grupo ocupacional de **Técnicos de Nível Superior**, que são cargos que necessitam curso superior para exercer as atividades concernentes. Isto porque no serviço público geralmente os gerentes não são cargos, são funções de confiança.

A criação do profissional Tecnólogo já está requerendo cuidados, pois em geral os Engenheiros, como exemplo, não aceitam que um Tecnólogo seja equiparado a estes.

4.1.9 Análise do Cargo X Processo – Qualidade de Vida

Uma vez coletados os dados e as descrições, a análise do cargo permite verificar todos os componentes acima citados e enquadrá-lo em um grupo ocupacional de natureza semelhante.

Embora não seja necessariamente atribuição do Analista de Cargos e Salários, quando se faz um levantamento de todas as ocupações, pode ser uma oportunidade de revisar processos e enriquecer o conteúdo dos cargos, para tornar as atividades menos repetitivas e rotineiras, evitar lesões por esforços repetitivos e problemas trabalhistas. Isto faz parte também da Responsabilidade Social das empresas. Um exemplo é o cargo de Telefonista, outro o de Digitador, cargos que por legislação devem trabalhar no máximo 6 horas por dia.

Existem atividades em que as pessoas passam muito tempo em pé, ou em posição desconfortável. Uma análise do processo pode dividir as tarefas de forma tal que haja alternância de atividade. O resultado geralmente é melhoria da qualidade, diminuição dos afastamentos por doença, do absenteísmo, da rejeição em trabalhar no posto anterior, melhoria do clima de trabalho. E o novo cargo / função, dependendo do caso, pode passar a trabalhar 8 horas.

Por consequência, temos melhoria da produtividade e da imagem interna e externa da empresa, além da qualidade de vida / saúde e problemas trabalhistas que são evitados.

4.1.10 Padronização – Qualidade

As descrições devem ter um padrão de forma e qualidade. Uma boa maneira de verificar a qualidade do conteúdo de uma descrição de cargo ou função é pedir a uma pessoa que não conhece os processos e os cargos para ler a descrição e dizer se tem uma visão clara e perfeita do que é o tal cargo.

4.1.11 Validação das Descrições

Depois das descrições elaboradas, é importante que o superior imediato de cada detentor de cargo as aprove formalmente. Uma coisa é "tirar uma foto" do que o cargo / função faz. Outra é o que **deveria** fazer na visão do gestor. Não importa se o ocupante da função não sabe fazer, é importante ter uma visão clara do que se quer da "cadeira vazia". Um processo de gestão por competência vai ajudar a preencher os *gaps* (lacunas).

A empresa poderá também obter a assinatura do colaborador na mesma. Além de dar clareza e transparência ao processo, isto poderá ajudá-la em questões trabalhistas.

Esta etapa bem feita evitará uma série de problemas nas demais etapas do PCS.

Depois das descrições de cargos e funções elaboradas, revisadas e aprovadas, vamos para a próxima etapa, que é estabelecer uma hierarquia entre os diferentes cargos e funções.

4.2 Hierarquia Interna – Avaliação de Cargos

Também chamada justiça interna, é a determinação da importância relativa de cada cargo para a empresa em comparação com os outros cargos.

O objetivo é estabelecer uma hierarquia entre os cargos, definindo o grau de importância que estes representam para a empresa, para o negócio. Ao final do trabalho de avaliação tem-se uma lista dos cargos por ordem de importância, o que também é chamado de *ranking*. Este é um dos pontos principais para dar credibilidade ao plano, pois quando bem comunicado permite aos colaboradores entenderem porque um determinado cargo ou função é mais importante ou remunera melhor do que outro.

Como consequência dessa etapa, têm-se os dados para elaborar a chamada **carreira**, que define quais posições de cargos e funções o colaborador pode ter como passos para evolução.

Algumas empresas adotam simplesmente a comparação dos seus salários com os salários do mercado, sem avaliá-los. Podemos afirmar que a maioria das insatisfações por salários decorre da comparação interna. Além do que, na comparação com o mercado, raramente se consegue comparar todos os cargos; e dos que se consegue, dificilmente são 100% comparáveis em termos de conteúdo. Ademais, o processo de pesquisa tem muitas variáveis que podem induzir a erros.

Com isso, podemos concluir que somente a pesquisa salarial nunca vai atender plenamente a questão do **equilíbrio interno**. Daí a importância do método de avaliação do cargo, que será discutido a seguir.

Se na empresa existem comentários do tipo "Fulano ganha mais do que eu e faz coisas menos importantes", poderemos ter uma situação de ou desconhecimento de método, falta de comunicação, ou de injustiça interna.

4.2.1 Métodos de Avaliação de Cargos

Existem vários métodos para se avaliar cargos, divididos em dois grupos:

- **qualitativo:** escalonamento (simples e binário – aos pares), escalas predeterminadas;
- **quantitativo:** por pontos, por fatores etc.

Nesta fase o processo necessita de um método e transparência. Sempre será necessário lembrar às pessoas do Comitê que o que vai se avaliar são os cargos ou funções "cadeiras vazias" e não pessoas. Isto porque geralmente se confunde o ocupante com o cargo, quando se fala no mesmo.

Numa pequena empresa, geralmente o proprietário ou sócios conhecem cada um dos processos, cargos e seus ocupantes, estão próximos do negócio e da parte operacional do mesmo. E sabem quais os cargos que consideram mais e os menos importantes para o negócio. Pode-se avaliar e classificar os cargos por sua importância global, sem especificidade ou detalhes. Daí ter autores que classificam os métodos em dois grupos: globais e analíticos.

Dependendo do porte da empresa, não é possível à administração conhecer tudo, necessitando de critérios mais ou menos profundos e complexos para avaliar os cargos e estabelecer a hierarquia entre eles.

Uma empresa que tenha pessoas talentosas, interessadas e com disponibilidade de tempo pode até criar o seu próprio método de estabelecer a escala de valores para os cargos, até mesmo utilizando competências. É importante avaliar o custo X benefício e se o método desenvolvido internamente vai ter a credibilidade necessária.

Para que tenha credibilidade com envolvimento e participação, independentemente do método utilizado, é importante que se crie um Comitê para avaliação dos cargos. Pode ser a própria representação hierárquica das áreas, gerentes ou supervisores, ou um representante de cada área com bastante conhecimento dos cargos e do negócio da empresa. De cinco a sete membros, que possam dedicar o tempo necessário.

Vamos falar dos métodos mais simples aos mais complexos. As pequenas empresas podem fazer um PCS com os métodos simples, se quiserem. Recomendamos às estruturas ou negócios mais complexos de médio porte, que se a decisão for fazer internamente, que se capacitem os profissionais envolvidos por meio de cursos existentes no mercado e *benchmarking*.

O que mais temos visto são as empresas médias e grandes contratarem consultorias para implantação com treinamento do comitê para manutenção do plano. Isto porque o custo X benefício e o tempo para fazer-se internamente nem sempre compensa. Além do que, um trabalho de consultoria especializada e reconhecida normalmente gera mais credibilidade e isenção, fator essencial na implantação de um PCCS.

Algumas metodologias utilizadas:
4.2.1.1 Método de Escalonamento, ou Comparação Simples, ou Comparação Cargo a Cargo

Neste método qualitativo, válido para pequenas empresas, cada participante do Comitê opina sobre qual cargo este acredita ser o mais importante, de forma global, relacionando os demais em ordem hierárquica de importância. Depois em reunião tenta-se chegar a um consenso. Os passos são:

1. define-se inicialmente o critério de comparação entre os cargos. Ex.: complexidade, ou importância para o negócio;
2. define-se o cargo mais complexo ou mais importante e o menos complexo e / ou menos importante;
3. escolhem-se alguns cargos de referência;
4. comparam-se cargo a cargo "encaixando-os" em relação aos demais.

4.2.1.2 Escalonamento em Relação ao Mercado

Este método consiste em utilizar uma pesquisa de mercado comparando-se os cargos existentes na pesquisa e colocando-os na ordem de salários que o mercado utiliza. Em seguida, "encaixam-se" os demais cargos, segundo a opinião dos participantes do trabalho. Particularmente, não recomendamos fazer tabela salarial somente com referência de mercado.

4.2.1.3 Método das Categorias Predeterminadas

É uma variação do método de escalonamento, também qualitativo. Os passos são:
1. dividem-se os cargos em categorias, ou família de cargos. Ex.: Operacionais (horistas), Administrativos (mensalistas), Executivos;
2. aplica-se o método do escalonamento simples, mas agora por categorias.

4.2.1.4 Graus Predeterminados

É similar ao método de escalonamento. Simples e rápido, mas pouco confiável devido à subjetividade.

Elabora-se uma descrição de fatores de graus crescentes de dificuldades quanto à atribuições e requisitos, como escolaridade, complexidade, necessidade de supervisão, numa forma global. Seleciona-se um grupo de cargos-chave, definindo os graus necessários para estes cargos. Os cargos são comparados com a descrição de cada grau e avaliados em um dos graus. Classificam-se os cargos de acordo com a importância entre eles.

4.2.1.5 Escalonamento por Comparação aos Pares ou Binário

Este método quantitativo, fácil, prático e simples de utilizar em pequenas empresas. Compara-se cada cargo de uma lista com todos os outros, dois a dois, atribuindo-se um sinal + ou – se o cargo comparado for maior ou menor que o outro cargo. Soma-se na horizontal a quantidade de sinais +, adicionando-se 1 ao resultado. Discute-se dentro do grupo de avaliadores para obter um consenso ou pontuação mais próxima possível. Obtém-se uma lista (vertical) com a ordem de importância. Exemplo:

Rol de Cargos:
- A – Ajudante de Manutenção;
- B – Mecânico de Manutenção;
- C – Operador de Empilhadeira;
- D – Lubrificador;
- E – Ferramenteiro;
- F – Torneiro Mecânico.

CARGO	A Ajudante Manutenção	B Mecânico de Manutenção	C Operador de Empilhadeira	D Lubrificador	E Ferramenteiro	F Torneiro Mecânico	TOTAL +1 =	RANKING
A Ajudante Manutenção	-0-	-	-	-	-	-	+1=1	6º.
B Mecânico de Manutenção	+	-0-	+	+	-	-	+1=4	3º.
C Operador de Empilhadeira	+	-	-0-	+	-	-	+1=3	4º.
D Lubrificador	+	-	-	-0-	-	-	+1=2	5º.
E Ferramenteiro	+	+	+	+	-0-	+	+1=6	1º.
F Torneiro Mecânico	+	+	+	+	-	-0-	+1=5	2º.

Tabela 2 – Planilha de avaliação de cargos aos pares

Quando se começa a avaliar, percebe-se claramente que é fundamental conhecer-se bem os cargos, daí a necessidade do Comitê ser formado com pessoas das várias áreas, tendo em mãos as descrições de cargos / funções para esclarecer dúvidas.

Reforçando o que já foi falado, este método serve para pequenas empresas, com poucos cargos e não oferece precisão na proporção da diferença entre os cargos, somente os hierarquiza.

Durante o processo de avaliação, observa-se que os avaliadores utilizam **argumentos** para justificar porque consideram uns cargos maiores ou menores que outros. Esses argumentos podem ser fatores de avaliação para um método mais elaborado, vamos discorrer sobre o assunto.

À medida em que se pretende uma avaliação de cargos ou um PCS mais elaborado, surge a necessidade de separar os cargos segundo sua **natureza** (por exemplo, operacionais, administrativos, técnicos e executivos) e dentro da natureza de cada um hierarquizá-los segundo a **complexidade**. Um bom método permite isto.

4.2.1.6 Método de Comparação de Fatores

É o mesmo princípio do escalonamento onde os cargos são comparados por meio de alguns fatores de avaliação com os respectivos salários. É fundamental que os fatores sejam aplicáveis a todos os cargos, isto é, sejam comuns a eles.

Não confundir **fator de avaliação de cargo** ("cadeira vazia") com competência, embora um ou outro fator possa se considerar como competência (conhecimento, habilidade ou atitude).

Alguns fatores utilizados:

- escolaridade;
- experiência;
- esforço físico;
- esforço mental;
- condições do ambiente de trabalho;
- exposição a acidentes;
- responsabilidade por erros;
- responsabilidade por equipamentos / materiais;
- complexidade;
- inter-relacionamento;
- iniciativa;
- liderança;
- responsabilidade por dados / informações;
- responsabilidade por contatos;
- criatividade;
- análise;
- liberdade de ação;
- poder de decisão / autoridade.

Passos para o trabalho de avaliação pelo método comparação por fatores:

1. escolher os fatores;
2. definição do significado de cada um dos fatores de avaliação;
3. escolha dos cargos de referência;
4. escalonamento dos fatores de avaliação;
5. avaliação dos fatores nos cargos de referência;
6. montagem da matriz de escalonamento e de avaliação dos fatores.

À medida que os fatores de avaliação são analisados e os cargos são avaliados, percebe-se que os fatores não podem ser os mesmos para cargos operacionais, como um Ajudante de Produção e um Assistente Administrativo ou um Gerente. Isto porque os cargos operacionais necessitam de fatores psicofísicos, como por exemplo: se carrega peso, se necessita atenção concentrada, se está exposto a risco de acidentes, tipo de ambiente em que trabalha.

Os cargos de escritório geralmente trabalham num ambiente limpo, climatizado, risco de acidente próximo de zero, prestam atendimento, trabalho em computador. Então não tem porque avaliar, por exemplo, ambiente e sujeição a riscos de acidente em cargos de escritório.

Mas nem todos têm responsabilidades de liderança, planejamento, decisões, como os gestores. Daí a necessidade de separar os cargos por categorias segundo sua natureza, avaliando com fatores que são comuns a todos os cargos. O resultado desse agrupamento por categorias pode ser chamado também de grupos ocupacionais.

Estes métodos tratados até aqui servem para pequenas empresas.

4.2.1.7 Método de Avaliação por Pontos, ou por Fatores e Pontos
Este é o método mais utilizado em Planos de Cargos e Salários, principalmente pelas médias e grandes empresas e consultorias, por permitir uma avaliação analítica e quantitativa de cada cargo e função em uma escala mais ampliada, mostrando diferenças sutis de valores relativos entre os mesmos. Os cargos são comparados por meio de fatores de avaliação, cada um com seu conceito.

Para se considerar um fator de avaliação, é fundamental que esse fator atenda a características dos cargos sob avaliação e que se possa construir uma escala com graus para cada um deles. Exemplo: escolaridade. Podemos escalonar desde primeiro grau incompleto até doutorado.

Cada fator tem uma escala de graus aos quais são atribuídos valores numéricos (pontos) e para cada fator ou grupo de fatores é determinado um peso. Os pontos da escala (graus) multiplicados pelo seu peso são somados para obter o total de cada cargo.

Em seguida, os cargos são avaliados e listados em ordem hierárquica de pontos, o que é chamado de *ranking*. Os cargos são agrupados pela proximidade dos pontos (classificação dos cargos), os quais são utilizados para elaborar a tabela salarial (classes salariais).

A ideia é, da mesma forma que se tem uma escala para medir um peso (quilo), o tamanho de um objeto ou imóvel (metro), tem-se uma escala para medir o tamanho de um cargo (pontos).

O método pode ser criado com fatores específicos para uma empresa ou um negócio, ou fatores universais, também chamados sistêmicos, utilizados pelas consultorias, como *Hay, Hoyler* entre outros.

No caso da nossa consultoria, a Leme Consultoria, utilizamos um sistema desenvolvido pelo autor e um dos sócios da consultoria, Romeu Huczok, chamado de *Sistema Huczok de Avaliação de Cargos*.

Uma das vantagens de se utilizar fatores universais está na possibilidade de comparar pontos de cargos em uma empresa com os seus respectivos salários, com cargos de áreas diferentes, mas de mesma pontuação, de outra empresa ou ramo de negócio com os seus salários correspondentes.

Existem situações em que, ao realizar a pesquisa salarial, podem-se avaliar todos os cargos das empresas participantes da pesquisa com a mesma escala, para poder compará-los.

Entretanto, hoje em dia raramente é utilizado avaliar todos os cargos de todas as empresas pesquisadas, devido os altos custos. Houve época em que as empresas multinacionais que adotavam a escala *Hay* comparavam pontos do cargo com dólar, em vários países. Hoje, devido à globalização e valor das moedas, o conceito é poder aquisitivo do salário no local, não mais o dólar.

Etapas para a construção do método de pontos:

1) escolher os fatores de avaliação e definir os seus conceitos;
2) montagem da escala de pontos / graus para cada fator;
3) ponderação dos fatores de avaliação (estabelecer o peso de cada um, *a priori*);
4) após a pesquisa salarial, estabelecer a correlação de pontos X salários (questão que varia de acordo com a visão técnica) e rever a ponderação;

5) elaboração do manual de avaliação de cargos;
6) avaliação dos cargos – *ranking*.

4.2.1.7.1 Escolha dos Fatores de Avaliação

Os fatores são escolhidos segundo as características do negócio, tecnologia, processos de trabalho e definem o "que se quer medir". Os métodos chamados universais utilizados pelas consultorias preveem qualquer tipo de negócio.

É normal, devido às características, natureza e complexidade dos cargos, ter duas, três ou quatro tabelas ou escalas de avaliação para as categorias de cargos ou grupos ocupacionais: operacionais, técnicos / administrativos e executivos, dependendo da forma como é elaborada. Não há como avaliar cargos de natureza diferente com a mesma escala.

Existem fatores que sempre estarão presentes em qualquer escala de avaliação para todos os tipos de cargos, como escolaridade, experiência, necessidade de relacionamento, porque estes fatores são comuns a todos eles.

Para a escala de avaliação dos cargos operacionais, além destes, sempre vamos escolher fatores como esforço físico, mental, visual, condições de trabalho, riscos em relação à segurança, necessidade de supervisão.

Para cargos administrativos e técnicos teremos, entre outros: relacionamento interpessoal, complexidade das tarefas, criatividade.

Já para cargos executivos, as dimensões do que se quer avaliar e escalonar em geral são do tipo administração de conflitos, liderança, decisões, responsabilidades, impacto nos negócios, negociação, complexidade.

Alguns métodos utilizados pelas consultorias (nosso caso) agrupam cargos de natureza administrativa / gestão, mas aumentam a amplitude da escala.

4.2.1.7.2 Estabelecimento da Escala dos Graus dos Fatores

Após ter os fatores definidos, cada fator terá uma escala crescente com diversos graus onde será estabelecido no processo de avaliação o número correspondente em pontos para cada cargo no determinado fator. Esta escala em cada fator é que permitirá definir a diferença de hierarquia entre os diversos cargos e funções.

Suponhamos uma empresa pequena para média em que se decidiu fazer internamente o PCS, o Comitê escolheu os fatores abaixo para avaliar cargos operacionais. Cada fator escolhido deve ter uma escala onde seja possível classificar os cargos estabelecendo uma hierarquia. Um exemplo simples, só para entender o processo:

Construção dos fatores e graus (cargos operacionais)

Grau	FATOR I: ESCOLARIDADE
1	Ensino fundamental incompleto
2	Ensino fundamental completo
3	Ensino médio completo
4	Ensino pós-médio ou técnico

Grau	FATOR II: EXPERIÊNCIA
1	De 3 a 6 meses
2	De 6 a 12 meses
3	De 1 a 2 anos
4	De 2 a 3 anos
5	Acima de 3 anos

Grau	FATOR III: COMPLEXIDADE DAS TAREFAS
1	Executa operações simples
2	Rotinas com alguma variedade
3	Tarefas mais variadas, com padrões
4	Tarefas com poucos padrões

Grau	FATOR IV: AMBIENTE DE TRABALHO
1	Ambiente praticamente isento de acidentes
2	Ambiente razoável, poucos riscos
3	Ambiente pouco insalubre, com riscos
4	Ambiente hostil, riscos acentuados

Tabela 3 – Fatores e graus

Agora precisamos estabelecer valores em que se possa, dependendo da posição que se avaliar o cargo, estabelecer uma diferença entre eles.

Os valores dos pontos da escala em princípio devem obedecer uma certa lógica. Mais à frente mostraremos outras questões de validações ligadas a cálculos, esta é uma forma didática para se entender o processo.

Chave de avaliação por pontos

Grau	FATOR I: ESCOLARIDADE	Pontos
1	Ensino fundamental incompleto	40
2	Ensino fundamental completo	70
3	Ensino médio completo	100
4	Ensino pós-médio ou técnico	130

Grau	FATOR II: EXPERIÊNCIA	Pontos
1	De 3 a 6 meses	50
2	De 6 a 12 meses	80
3	De 1 a 2 anos	110
4	De 2 a 3 anos	140
5	Acima de 3 anos	170

Grau	FATOR III: COMPLEXIDADE DAS TAREFAS	Pontos
1	Executa operações simples	40
2	Rotinas com alguma variedade	70
3	Tarefas mais variadas, com padrões	100
4	Tarefas com poucos padrões	130

Grau	FATOR IV: AMBIENTE DE TRABALHO	Pontos
1	Ambiente praticamente isento de acidentes	20

2	Ambiente razoável, poucos riscos	40
3	Ambiente pouco insalubre, com riscos	60
4	Ambiente hostil, riscos acentuados	90

Tabela 4 – Fatores e graus com pontos

4.2.1.7.3 Ponderação dos Fatores de Avaliação

A primeira ponderação consiste em atribuir um percentual a cada fator ou peso, que na soma de todos os fatores dará 100. Esta ponderação é responsabilidade do Comitê, que atribui os valores segundo as características dos fatores e seu grau de importância para o cargo, olhando o negócio.

Observe que na tabela abaixo, do lado esquerdo, tem uma coluna peso. Simplesmente se distribui 100 pontos pelo número de fatores avaliados. O comitê decide quais os fatores mais importantes. Depois, multiplica-se os pontos pelo peso para encontrar o resultado de avaliação do fator.

Uma forma mais prática é já multiplicar os pontos pelo peso, deixando somente o valor encontrado dentro da tabela.

Não existe uma regra, mas em geral, uma tabela de avaliação de cargos pode ter de 6 a 12 fatores, variando o total de pontos: para cargos operacionais, por exemplo, no máximo 1.000 pontos; para técnicos e administrativos, em torno de 1.500 pontos; para executivos, 2.000 pontos. Nada impede que se cortem dois zeros, facilitando o manuseio dos números.

Peso	Grau	FATOR I: ESCLARIDADE	Pontos	Pontos Escolaridade
35	1	Ensino fundamental incompleto	40	1400
	2	Ensino fundamental completo	70	2450
	3	Ensino médio completo	100	3500
	4	Ensino pós-médio ou técnico	130	4550

Peso	Grau	FATOR II: EXPERIÊNCIA	Pontos	Pontos Experiência
30	1	De 3 a 6 meses	50	1500
	2	De 6 a 12 meses	80	2400
	3	De 1 a 2 anos	110	3300
	4	De 2 a 3 anos	140	4200
	5	Acima de 3 anos	170	5100

Peso	Grau	FATOR III: COMPLEXIDADE DAS TAREFAS	Pontos	Pontos Complexidade
20	1	Executa operações simples	40	800
	2	Rotinas com alguma variedade	70	1400
	3	Tarefas mais variadas, com padrões	100	2000
	4	Tarefas com poucos padrões	130	2600

Peso	Grau	FATOR IV: AMBIENTE DE TRABALHO	Pontos	Pontos Ambiente de Trabalho
15	1	Ambiente praticamente isento de acidentes	20	300
	2	Ambiente razoável, poucos riscos	40	600
	3	Ambiente pouco insalubre, com riscos	60	900
	4	Ambiente hostil, riscos acentuados	90	1350

Tabela 5 – Fatores e graus com pontos ponderados

Esta é uma forma simples e provisória de se colocar os pontos. Quando se tem mais cargos, numa estrutura mais complexa, precisa-se ter uma escala mais aberta. Para tanto, existe uma forma técnica de se elaborar a ponderação de cada fator de avaliação e a graduação da escala que vai avaliar os cargos, calculando os pontos por fator, tomando por base a Razão (r) de uma Progressão Aritmética (P.A.). Alguns autores também fazem uma primeira avaliação com a ponderação simples. Com base nos salários, estabelecem-se o fator de correlação e o fator de determinação de cada escala, atribuindo-se novos valores em pontos para construir a tabela definitiva.

4.2.1.7.4 Avaliação dos Cargos

Para avaliar, é fundamental um comitê com participação de representantes de todas as principais áreas, tendo-se em mãos as descrições de cargo / função.

Os participantes devem obrigatoriamente conhecer o conteúdo das descrições e os processos das áreas que representam, bem como o negócio da empresa.

Recomendamos que este grupo tenha no máximo sete integrantes, pois mais do que isso complica sua formação e condução. Recomendamos, também que sejam os próprios gestores das áreas.

Os membros do comitê preenchem a ficha de avaliação individualmente, colocando os valores dos pontos nas colunas apropriadas e depois discutem para em princípio obter consenso, colocando o valor final da avaliação.

Avaliação do Comitê

Avaliador:

CARGOS	FATORES				
	ESCOLARIDADE	EXPERIÊNCIA	COMPLEXIDADE DAS TAREFAS	AMBIENTE DE TRABALHO	TOTAL
Ajudante de Manutenção					
Mecânico de Manutenção					
Operador de Empilhadeira					
Lubrificador					
Ferramenteiro					
Torneiro Mecânico					

Tabela 6 – Planilha de avaliação de cargo

No caso das consultorias, como é utilizado de forma frequente e intensa, elas em geral trabalham com sistemas de avaliação chamados universais, os quais são elaborados de forma a atender qualquer tipo de negócio e estrutura.

No caso específico da Leme Consultoria, utilizamos somente dois sistemas, um para cargos administrativos, técnicos gerenciais e outro para cargos operacionais.

Apresentamos uma lista de fatores universais ou sistêmicos de avaliação e os subfatores com os seus conceitos para dois manuais de avaliação, em que se pode avaliar na primeira todos os cargos técnicos, administrativos e executivos. Já na segunda, avaliam-se somente cargos operacionais.

Tabela I – CARGOS ADMINISTRATIVOS, TÉCNICOS E EXECUTIVOS			
QUADRO 1	**COMPETÊNCIA** É o conjunto de conhecimentos, experiência e habilidades requeridas para o desempenho de uma função. Subdivide-se em dois subfatores.	**FORMAÇÃO / EXPERIÊNCIA** Mede as exigências do cargo em termos de escolaridade e experiência (tempo) necessárias ao bom desempenho.
		COMPETÊNCIA GERENCIAL Mede as exigências do cargo para integrar e harmonizar atividades, funções, objetivos e resultados.
QUADRO 2	**LIDERANÇA** Este fator mede a aplicação de competência no comando de pessoas ou de tarefas. Subdivide-se em dois subfatores.	**ENVOLVIMENTO INTERPESSOAL** Mede a habilidade requerida no trato com pessoas para obter os resultados esperados.
		ESTRUTURAÇÃO DAS TAREFAS Avalia as dificuldades das tarefas, considerando a criatividade exigida e a intangibilidade dos problemas a resolver.
QUADRO 3	**TOMADA DE DECISÃO** Este fator mede os resultados do cargo em termos de decisões e ações, bem como as exigências de análise e raciocínio para encontrar soluções. Subdivide-se em dois subfatores.	**QUALIDADE DA DECISÃO** Representa o resultado dos cargos em termos de liberdade de pensamento para realizar análises, estudos e pesquisas, enfim, para resolver problemas.
		PODER DECISÓRIO Representa o poder de decisão concedido a um cargo para fazer acontecer coisas.

QUADRO 4	DECISÃO TÉCNICA Mede as decisões técnicas tomadas pelo cargo considerado e as limitações referentes a essas decisões. Classificação da decisão técnica dentro da rotina, norma, política ou livre e se afeta somente à sua área ou outras áreas.	
QUADRO 5	RESPONSABILIDADE Representa a responsabilidade do cargo medido em valores e sua influência.	DIMENSÕES Opcional. Representa a quantificação monetária, em termos anuais, nos quais o cargo tem influência.
		INFLUÊNCIA Representa o nível de impacto do cargo nas dimensões consideradas, isto é, se ele decide sozinho com relação aos valores ou compartilhado com outros cargos. Este fator somente será utilizado se a empresa tiver levantado e ficar claro para os cargos, principalmente para os de Diretoria / Gerência, os valores sob sua responsabilidade. É dispensável se o custo X benefício de levantar os dados não compensar.

Tabela 7 – Fatores e Conceitos de Avaliação de Cargo Administrativo

Tabela II – CARGOS OPERACIONAIS		
FATOR A	Referem-se à soma de conhecimentos, experiências e aptidões psicofísicas, necessárias para o desempenho satisfatório de uma função operacional.	ESCOLARIDADE / EXPERIÊNCIA Mede as exigências da função operacional em termos de escolaridade, experiência e treinamento.
		COMPETÊNCIA PSICOFÍSICA Mede a capacidade mental, física e motora para desempenhar uma função operacional.
FATOR B	Mede a maneira de utilização ou competência para realizar tarefas operacionais e /ou para tratar pessoas.	DIFICULDADES DAS TAREFAS Referem-se à dificuldade e intensidade das tarefas a serem executadas.
		ENTROSAMENTO Avalia a habilidade requerida para tratar e / ou trabalhar com pessoas.

FATOR C	Procura medir a autonomia concedida e a responsabilidade de um cargo operacional.	**LIBERDADE DE AÇÃO** Avalia o grau de liberdade para agir de um cargo operacional, considerando os controles e restrições por parte de pessoas, bem como limitações por normas e instruções.
		RESPONSABILIDADE OPERACIONAL Avalia a responsabilidade do cargo em termos das consequências por erros cometidos, medidos na forma de perda de tempo, de material, quebra de equipamentos etc.
FATOR D	Este fator mede as condições de trabalho em que o cargo atua e o consequente desgaste a que está sujeito seu ocupante.	**EXPOSIÇÃO À FADIGA** Mede a intensidade da fadiga (físico e / ou mental) a que está submetido o ocupante do cargo.
		AMBIENTE DE TRABALHO Avalia a exposição, eventual ou contínua e a diferentes graus de intensidade, a elementos desagradáveis e / ou riscos de acidentes.

Tabela 8 – Fatores e Conceitos de Avaliação cargos operacionais

Desenvolvemos um *software* que já contém o valor dos pontos de cada fator devidamente ponderado e também correlacionado com salários e consagrado pelo uso com sucesso, para qualquer tipo de negócio, facilitando e agilizando o trabalho de avaliação por parte dos gestores e comitê. O *software* já soma de forma acumulada todos os pontos e emite o *ranking* de avaliação, o que agiliza sobremaneira a questão tempo.

No caso da tabela em que se avaliam cargos administrativos, técnicos e gestores, a escala de pontos tem maior número de graus e escala com maior amplitude, para permitir abrigar todos os cargos, de Assistente a Diretor.

O sistema Huczok utilizado pela Leme Consultoria evita que se cometam erros primários de avaliação. Por exemplo, exigir formação superior para cargos em que o ensino médio é suficiente, pois a estruturação de tarefas e a necessidade de envolvimento interpessoal é baixa; ou o inverso, a complexidade do cargo revelada pelos pontos de avaliação nos fatores específicos evidencia que precisa maior tempo de experiência ou nível maior de escolaridade.

Exemplo de algumas telas:

Quadros de Avaliação Gerencial

Empresa: HUCZOK CONSULTING
Cargo: ANALISTA REM.SR
Função: Área:

Q	Fator	Subfator	Grau	Total
Q1 - Competência: É o conjunto de conhecimentos, experiências e habilidades requeridas para o desempenho de uma função.		Competência Profissional	E + 3 =	185
		Competência Gerencial		
Q2 - Liderança: Este fator mede a aplicação da competência no comando de pessoas e ou de tarefas.		Estruturação das Tarefas	D = 3 =	112
		Envolvimento Inter-Pessoal		
Q3 - Tomada de Decisão: Este fator mede os resultados do cargo em termos de decisões e ações, bem como as exigências de análise e raciocínio para encontrar soluções.		Qualidade de Decisão	D = 3 =	149
		Poder Decisório		
Q4 - Decisão Técnica: Mede as decisões técnicas tomadas pelo cargo considerado e as limitações referentes a essas decisões.		Decisão Técnica	B = 2	59
Q5 - Responsabilidade: Esse fator representa a responsabilidade do cargo medido em valores e sua influência.		Dimensões	A	120
		Influência		

Ranking de Cargos   Fechar   Total: 625

Figura 5 – Exemplo de tela de avaliação cargos Administrativos em *software*-1

Q1 Competência Gerencial

Empresa: HUCZOK CONSULTING
Cargo: ANALISTA SR
Função: REMUNERAÇÃO   Área: CONSULTORIA

Definição: Mede as exigências do cargo para integrar e harmonizar atividades, funções, objetivos e resultados.

Grau	Escala		Descrição
MÍNIMA	1 - / 1 +	1 =	O cargo não exerce função gerencial e se limita a executar tarefas e/ou planos.
HOMOGÊNEA	2 - / 2 +	2 =	O cargo gerencia uma única atividade, ou várias atividades, todas elas homogêneas. Gerencia funcionalmente atividades relativamente conflitantes.
HETEROGÊNEA	3 - / 3 +	3 =	O cargo gerencia funções medianamente heterogêneas que demandam a administração de alguns conflitos. Gerencia funcionalmente atividades bastante conflitantes.
CONFLITIVA	4 - / 4 +	4 =	O cargo gerencia funções que demandam a administração de bastante conflito. Gerencia situações oriundas de atividades de aconselhamento na alta administração.
EXECUTIVA	5 - / 5 +	5 =	O cargo gerencia funções administrativas, no nível de direção que são conflitantes pela própria natureza.
GERAL	6 - / 6 +	6 =	O cargo gerencia todas as funções da empresa, indicando-lhe os objetivos.

Salvar   Cancelar   Fechar

Figura 5.1 – Exemplo de tela de avaliação cargos Administrativos em *software*-2

Quadros de Avaliação Operacional

Empresa: HUCZOK CONSULTING
Cargo: OPERADOR DE MÁQUINA
Função: Área: PRODUÇÃO

Q1 - Competências
Refere-se a soma de conhecimentos, experiências e aptidões Psico-Física, necessárias para o desempenho satisfatório de uma função operacional.

| Competência Técnica | C = | 27 |
| Competência Psico-Física | 2 = | |

Q2 - Dificuldades e Entrosamento
Este quadro mede a maneira de utilização ou competência para realizar tarefas operacionais e/ou para tratar pessoas.

| Dificuldades das Tarefas | B = | 11 |
| Entrosamento | 2 = | |

Q3 - Liberdade e Responsabilidade
Este quadro procura medir a autonomia concedida e a responsabilidade de um cargo operacional.

| Liberdade de Ação | B = | 27 |
| Responsabilidade Operacional | 2 = | |

Q4 - Ambiente de Trabalho
Este quadro mede as condições de trabalho em que o cargo atua e o consequente desgaste a que está sujeito seu ocupante.

| Exposição à Fadiga | C = | 21 |
| Ambiente de Trabalho | 3 = | |

Ranking de Cargos   ☒ Fechar   Total: 86

Figura 6 – Exemplo de tela de avaliação cargos Operacionais em *software*-1

Q1 - Competência Psico-Física

Empresa: HUCZOK CONSULTING
Cargo: OPERADOR DE MÁQUINA
Função: Área: PRODUÇÃO

Definição: Mede a capacidade mental, física e motora para desempenhar uma função operacional.

NORMAL	1- / 1+ 1 =	Cargo executor de trabalho braçal leve, ou equivalente, cujo desempenho dispensa qualquer atribuição física especial.
RELEVANTE	2- / 2+ 2 =	O cargo exige alguma capacidade motora e/ou capacidade mental mediana para se concentrar e/ou coordenar movimentos, ou ainda cargos que exijam força física para o desempenho da função.
ALTA	3- / 3+ 3 =	O cargo exige grande capacidade mental para executar atividades que exijam elevado grau de atenção, concentração, e/ou memória, ou ainda atividades relacionadas com alta-precisão, micro-medidas.
EXCEPCIONAL	4- / 4+ 4 =	O ocupante não poderá desempenhar suas funções a menos que tenha desenvolvido extraordinária capacidade mental para atividades que exijam extremo grau de atenção, concentração e memória, ou ainda porte físico excepcional.

✓ Salvar   ☒ Cancelar   ☒ Fechar

Figura 6.1 – Exemplo de tela de avaliação cargos Operacionais em *software*-2

4.2.1.7.5 Ranking

O *Ranking* nada mais é do que uma lista dos cargos colocados em ordem de importância pelos pontos, isto é, a hierarquia dos cargos, conforme abaixo. O total de pontos de cada cargo constitui o que se chama Valor Relativo do Cargo.

Adiante apresentamos os mesmos cargos operacionais cujos exemplos utilizamos no item anterior, avaliados pelo *Método Huczok de Avaliação de Cargos*, por meio do *software*.

Huczok Consulting S/S Ltda.							Página: 1 07/06/2012 23:20:08	
Ranking de Cargos Operacionais								
Empresa: ABC								
Seq.	Cargo / Função	Setor / Área	Competências Téc. P.Fís	Dif. e Entros. D.Tar Entros	Lib. e Respons. L. Ação R. Oper	Amb. Trabalho Fadiga Amb.		Total
1	Ferramenteiro	Manutenção	F - 3 = 87	D = 3 - 24	D - 3 = 56	C = 2 + 18		185
2	Torneiro Mecânico		F - 3 = 75	C + 2 - 18	C = 3 = 49	C = 3 - 18		160
3	Mecânico de Manutenção	Manutenção	F - 3 = 75	C - 2 - 15	D - 3 = 56	C - 2 - 13		159
4	Operador de Empilhadeira	Log	D = 3 - 42	B + 2 - 11	C = 3 - 42	C - 2 = 13		108
5	Lubrificador	Manutenção	C + 2 = 32	B + 2 - 11	B + 2 + 32	B = 2 + 13		88
6	Ajud.Manutenção	Manutenção	B - 2 - 18	B - 1 + 9	B - 2 - 24	B - 2 - 11		62

Q1 - Competências
Comp. Técnica / Comp. Psico-Física
A - Alfabetização   1 - Normal
B - 1º Grau Inc. 12 M 2 - Relevante
C - 1º Grau Comp. 12 M 3 - Alta
D - 1º Grau Comp. 4 A 4 - Excepcional
E - 2º Grau Comp. 12 M
F - Formação Técnica

Q2 - Dificuldades e Entrosamento
Dificuldade das Tarefas / Entrosamento
A - Simples   1 - Preencindível
B - Repetitiva   2 - Grupal
C - Padronizada   3 - Importante
D - Diversificada 4 - Imprescindível
E - Alternativa

Q3 - Liberdade e Responsabilidade
Liberdade de Ação / Respons. Operacional
A - Nenhuma   1 - Pequena
B - Muito Restrita 2 - Regular
C - Restrita   3 - Grande
D - Controlada   4 - Muito Grande
E - Supervisionada

Q4 - Ambiente de Trabalho
Exposição à Fadiga / Amb.de Trabalho
A - Reduzida   1 - Bom
B - Moderada   2 - Razoável
C - Acentuada 3 - Difícil
D - Intensa   4 - Hostil
E - Extrema

Figura 7 – *Ranking* **de cargos operacionais em** *software*

Como são poucos cargos e cada um tem uma diferença acentuada de pontos entre eles, praticamente cada cargo vai ficar numa classe salarial, isto é, teremos seis classes. A pesquisa salarial confirmará se o mercado também pagará com essas diferenças acentuadas entre um e outro cargo.

Apresentamos outro exemplo de *ranking* de cargos administrativos e sua classificação, para melhor ilustração:

Huczok Consulting S/S Ltda.
Ranking de Cargos Adminstrativos
Empresa: SISTEMA DE AVALIAÇÃO CARGOS/FUNÇÕES

Página: 1
25/05/2012 20:45:39

Seq.	Cargo / Função	Área / Setor	Competência Prof. Ger.	Liderança Estr. Env.	Tomada Dec. Qual. Poder	Decisão Tec. Limit. Afet.	Respons. Dim. Infl.	Total
1	DIRETOR EXECUTIVO		F+ 5+ 473	F- 4- 265	G- 6- 784	C= 2 78	A 185	1785
2	DIRETOR OPERAÇÕES		F= 5- 381	E+ 4- 230	F+ 6- 631	C= 2 78	A 185	1505
3	DIRETOR ADMINISTRATIVO		F= 5- 381	E= 4- 214	F+ 6- 631	C= 2 78	A 185	1489
4	GER. GERAL T.I.	T.I.	F- 5- 354	F- 3- 185	E+ 5- 381	C= 2 78	A 185	1183
5	GER.PRODUTO NEGÓCIOS		F- 4- 285	E+ 4- 214	E+ 5- 381	C= 2 78	A 185	1143
6	GER.GESTÃO PESSOAS	RH	F- 4- 285	E- 3+ 160	E- 5- 354	C= 2 78	A 185	1062
7	GER. ADM.FINANCEIRO		F- 4- 285	E- 3- 149	E- 5- 354	C= 2 78	A 185	1051
8	GERENTE REGIONAL		F- 4- 285	E- 4- 185	E- 5- 306	C= 2 78	A 185	1039
9	GER.INFRAESTRUTURA TI	T.I.	F- 4- 285	E+ 3- 160	E= 5- 329	C= 2 78	A 185	1037
10	GER.		F- 4- 265	E- 3- 139	E= 5- 354	C= 2 78	A 185	1021
11	GER. SISTEMAS	T.I.	F- 4- 265	E- 3- 149	E= 5- 329	C= 2 78	A 185	1006
12	COORD. PAC		E+ 3+ 199	D+ 4- 160	D+ 4- 199	C- 2 68	A 160	786
13	COORD.GESTÃO PESSOAS	RH	E+ 3+ 199	D+ 3- 120	D= 4- 185	C- 2 68	A 139	711
14	COORD. CRÉDITO		E+ 3- 185	D- 3- 112	D= 4- 185	C- 2 68	A 139	689
15	COORD. ADMINISTRATIVO		E+ 3- 185	D- 3- 112	D= 4- 185	C- 2 68	A 139	689
16	COORD.ORG.QUADRO		E+ 3- 185	D= 3- 104	D= 4- 185	C- 2 68	A 120	662
17	COORD.CONT.INTERNOS		E+ 3- 185	D- 3- 112	D+ 3- 160	C- 2 68	A 120	645
18	COORD.NEG.PRODUTOS		E+ 3- 172	D- 3+ 120	D+ 3- 160	B+ 2 68	A 120	640
19	COORD. SUPRIMENTOS		E+ 3- 185	D- 3- 97	D- 3- 139	B+ 2 68	A 120	609
20	COORD. FINANCEIRO		E+ 3- 172	D- 3- 97	D- 3- 149	B+ 2 68	A 120	606
21	COORD.SUPORTE		E+ 3- 172	D- 2+ 78	D- 3- 149	B+ 2 68	A 104	571
22	COORD. COMPENSAÇÃO		E+ 2+ 149	D- 2+ 78	D- 3- 149	B+ 2 68	A 104	548

Huczok Consulting S/S Ltda.
Ranking de Cargos Adminstrativos
Empresa: SISTEMA DE AVALIAÇÃO CARGOS/FUNÇÕES

Página: 2
25/05/2012 20:45:39

Seq.	Cargo / Função	Área / Setor	Competência Prof. Ger.	Liderança Estr. Env.	Tomada Dec. Qual. Poder	Decisão Tec. Limit. Afet.	Respons. Dim. Infl.	Total
23	COORD. CONTABILIDADE		E+ 2+ 149	D- 2+ 78	D- 3- 149	C- 2 68	A 104	548
24	COORD.SUPORTE TÉCNICO T.I.		E- 2+ 139	D- 2- 73	D- 3- 149	B+ 2 68	A 104	533
25	AN.NEGOCIOS PL		E- 3- 172	D+ 3- 120	B+ 2- 68	B+ 2 68	A 104	532
26	AN.PRODUTO PL		E- 2+ 139	E- 2+ 104	D- 2- 104	B+ 2 68	A 104	519
27	AN.GESTÃO PESSOAS PL		E- 2+ 139	D+ 3- 112	C- 2- 84	B+ 2 68	A 90	493
28	AN.CRÉD.COBRANÇA PL	CRED E COBRAN	E- 2+ 139	D- 3- 104	C- 2- 78	B+ 2 68	A 90	479
29	AN.NEGÓCIOS CENTRAL		E- 2+ 139	D- 3- 112	B+ 2- 68	C- 2 68	A 90	477
30	AN.GESTÃO PESSOAS QQS		E- 2+ 139	D+ 3- 112	B+ 2- 68	B+ 2 68	A 90	477
31	AN.NEGOCIOS PRODUTOS		E- 2- 129	D+ 3- 112	C- 2- 78	B+ 2 68	A 90	477
32	AN.SEG.INFORMAÇÃO T.I.		E+ 2+ 139	D+ 2- 78	C+ 2- 90	C- 2 68	A 90	465
33	AN.SISTEMAS PL T.I.		E- 2- 129	E- 2- 97	C- 2- 84	B- 2 59	A 90	459
34	AN.COMUNICAÇÃO MKT PL		E- 2- 120	D- 2+ 84	C- 2- 84	B- 2 59	A 78	425
35	ADM DE BANCO DE DADOS TI T.I.		E- 2- 120	D- 2- 73	C- 2- 84	B+ 2 68	A 78	423
36	AN.TELECOMUNICAÇÕES T.I.		E- 2- 129	D- 2- 73	C- 2- 78	B- 2 59	A 78	417
37	AN.SUPORTE SISTEMAS PL T.I.		E- 2- 129	D- 2- 73	C- 2- 78	B- 2 59	A 78	417
38	AN.ORG.QUADRO SOCIAL	SINGULAR	E- 2- 129	D- 2- 78	B- 2- 63	B+ 2 68	A 78	416
39	ADM DE INFRAESTURA DE TTI INFRAESTRUTURA DE TI TI		E- 2- 120	D+ 1+ 63	C- 2- 84	B+ 2 68	A 78	413
40	AN.ADMINISTRATIVA PL		E- 2+ 139	C- 2- 59	B+ 2- 68	B- 2 59	A 78	403
41	AN.FINANCEIRO PL		E- 2- 129	C- 2- 59	C- 2- 78	B- 2 59	A 78	403
42	OPER.NEG.CAIXA SR		E- 2- 120	C+ 2+ 68	B+ 2+ 73	B- 2 59	A 78	398
43	AN.NORMATIZAÇÃO PL		E- 2- 120	C- 2- 59	C- 2- 78	B- 2 59	A 78	394
44	AN.ADM. PESSOAL		E- 2- 129	C- 2- 59	B+ 2- 68	B- 2 59	A 78	393

Huczok Consulting S/S Ltda.	Página: 3
Ranking de Cargos Adminstrativos	25/05/2012 20:45:39
Empresa: SISTEMA DE AVALIAÇÃO CARGOS/FUNÇÕES	

Seq.	Cargo / Função	Área / Setor	Competência Prof. Ger.	Liderança Estr. Env.	Tomada Dec. Qual. Poder	Decisão Tec. Limit. Afet.	Respons. Dim. Infl.	Total
45	AN.SUPRIMENTOS PL		E = 2 - 129	C = 2 + 63	B - 2 - 63	B = 2 59	A 78	392
46	AN.CONT.INTERNO RISCOS		E = 2 - 129	C = 2 - 59	B - 2 - 63	B = 2 59	A 78	388
47	AN.SUPORTE		E = 2 - 129	C = 2 + 63	B - 2 - 59	B = 2 59	A 78	388
48	AN.COMPENSAÇÃO PL		E = 2 - 129	C = 2 - 55	B - 2 - 63	B = 2 59	A 68	374
49	AN.SUPORTE TÉCNICO PL T.I.		E = 2 - 129	C = 2 - 59	B - 2 - 59	B = 2 59	A 68	374
50	PILOTO DE RESERVA PL		E = 2 - 129	C = 1 + 44	B + 2 - 68	B = 2 59	A 68	368
51	AN.CONTÁBIL PL		E = 2 - 120	C = 2 - 55	B - 2 - 63	B = 2 59	A 68	365
52	PROGRAMADOR T.I.		E = 2 - 112	C = 1 - 41	B - 2 - 63	A + 2 51	A 59	326
53	OPER. NEG. CAIXA PL		C = 2 - 68	C = 2 - 59	B - 2 - 59	B - 2 51	A 59	296
54	AS. NEGÓCIOS II		C = 1 + 59	B + 2 - 47	B - 2 - 59	B - 2 51	A 51	267
55	AS.SUPORTE TÉCNICO PL T.I.		C = 1 = 55	C - 1 = 38	A = 1 = 35	A = 2 44	A 38	210
56	AS. FINANCEIRO		C - 1 = 51	C = 1 + 41	A = 1 = 35	A = 2 44	A 38	209
57	AUX. FINANCEIRO		C - 1 = 47	B = 1 = 31	A - 1 = 31	A - 2 38	A 33	180

Q1 - Competência
Compet. Prof. / Compet. Ger.
A - Básico   1 - Mínima
B - Mínimo   2 - Homogênea
C - Vocacional   3 - Heterogênea
D - Técnico   4 - Conflitiva
E - Profissional 5 - Executiva
F - Avançado   6 - Geral
G - Master
H - Excepcional

Q2 - Liderança
Estrut. Tarefas / Envolv. Inter.
A - Simples   1 - Básico
B - Estandarizada   2 - Necessário
C - Interpretativa 3 - Persuasivo
D - Moderada   4 - Imprescindível
E - Específica
F - Criativa
G - Original

Q3 - Tomada de Decisão
Qualid. Dec. / Poder Dec.
A - Reduzida   1 - Prescritivo
B - Restritiva   2 - Rotineiro
C - Semi-Restritiva 3 - Limitado
D - Moderada   4 - Normativo
E - Específica   5 - Funcional
F - Analítica   6 - Genérico
G - Exclusiva   7 - Livre

Q4 - Decisão Técnica
Limit. Decisão / Afeta
A - Rotineira   1 - Local
B - Com Normas   2 - Geral
C - Com Políticas
D - Livre

Q5 - Responsabilidade
Dimensões / Influência
A - Indefinido   1 - Remoto
B - 0 a 100 M   2 - Operacional
C - 100 M a 1 MM   3 - Indireto
D - 1 MM a 10 MM   4 - Compartido
E - 10 MM a 100 MM   5 - Direto
F - 100 MM a 1 B
G - 1 B a 10 B

Figura 8 – *Ranking* de cargos administrativos

O que interessa para o Plano de Cargos é a última coluna, o total de pontos.

4.2.1.7.6 Classificação dos Cargos – Número de Classes Salariais e Intervalo de Pontos

A próxima etapa é agrupar os cargos pela proximidade dos pontos, criando-se as classes de cargos. Teoricamente, a princípio, todos os cargos pertencentes a uma determinada classe vão ter o mesmo valor na tabela salarial.

A quantidade de classes de cargos é o mesmo número de faixas salariais podendo ter vários cargos ou funções na mesma classe. Os dados utilizados são os pontos dos cargos e os valores obtidos na pesquisa salarial, em duas etapas diferentes.

Pode-se utilizar vários métodos para definir o número de classes e o intervalo de pontos entre elas. Vai depender do tamanho da estrutura, do número de cargos, dos valores salariais. Geralmente encontramos de 8 a 12 classes, dependendo do tamanho da estrutura, porte da empresa, quantidade de cargos etc.

Um método simples seria separar por faixa de pontos, como 50 em 50, ou de 100 em 100, exemplo: classe 1, de 1000 a 900 pontos. Classe 2, de 899 a 700, e assim por diante.

Um método mais técnico é utilizar uma progressão aritmética. Neste caso, o número de classes é definido pela amplitude do intervalo de pontos que vai ser utilizado na escala do fator (graus). O intervalo não pode ser muito grande, sob pena de conter em uma mesma classe, cargos com avaliações muito distantes em pontos umas das outras; nem muito pequeno, para não ter, exagerando, uma pontuação em cada classe.

CLASSES	NÍVEIS PONTOS		Média nível ponto
I	120	255	188
II	256	390	323
III	391	525	458
IV	526	660	593
V	661	795	728
VI	796	930	863
VII	931	1065	998
VIII	1066	1200	1133

Tabela 9 – Classificação dos cargos por classes

Obs.: Os pontos evoluem com base na razão de uma P.A. (Progressão Aritmética)
Fórmula = An - A1 / n - 1 =

An = 1.200; A1 = 120
n = 9 (quantidade de níveis de classes)
P.A. = 1.200 - 120 / 9 - 1 = **135** (este é o valor do intervalo entre cada faixa de pontos)

Temos agora pronta, definida, a segunda parte importante de um PCS: a hierarquia interna dos cargos, a chamada justiça interna, bem como os diversos cargos e funções em cada uma das classes. É a primeira etapa para se elaborar a tabela salarial. Se a empresa quiser realizar a tabela salarial sem consultar o mercado, isto é possível, terá uma tabela somente com a hierarquia interna. Entretanto, ela não saberá como estão os salários que ela paga em relação ao mercado, colocando-a em situação de risco para perda de profissionais. Tecnicamente, embora represente custo, o próximo passo é muito importante: saber quanto o mercado está pagando. Isto pode ser feito adquirindo-se uma pesquisa pronta no mercado, ou executando uma pesquisa salarial com recursos próprios ou por meio de consultoria.

Agora colocamos o *ranking* dos cargos, primeiro esqueleto da tabela salarial, em *stand by*, esperando o resultado da pesquisa salarial.

4.3 Comparação com Mercado (Pesquisa Salarial)
Para elaboração da pesquisa salarial, os passos são os seguintes:
1. escolhem-se os cargos-chave que iremos utilizar para pesquisar;
2. definem-se as empresas com as quais se quer trocar informações, isto é, o mercado;
3. envia-se o caderno de pesquisa ou visita-se cada empresa para obter os dados pessoalmente;
4. análise e tabulação dos dados;
5. análise dos resultados;
6. envio dos relatórios aos participantes.

Vamos agora falar de cada um dos passos.

4.3.1 Escolha dos Cargos / Funções

Existem alguns critérios para a escolha dos cargos. Normalmente escolhemos os cargos-chave, que não podem ser muitos, em torno de 20. Isto é, aqueles que são importantes para a empresa por ocuparem atividades típicas, que representem as várias classes, para ter representatividade do valor naquela classe e que se encontre com facilidade no mercado. Isto dependerá do total de cargos de acordo com a estrutura da empresa, mas dentro de princípios conforme abaixo.

Devem ser poucos, primeiro porque não precisa ter todos os cargos, uma vez que vamos utilizar critérios estatísticos (mesmo princípio da pesquisa eleitoral). Segundo, porque se tiver muitos cargos, vai ser difícil obter empresas que queiram participar. O Analista que responde pesquisa numa empresa convidada pode estar, e normalmente está, com muitas atividades para fazer. E a prioridade deste, salvo se estiver exatamente naquele momento precisando daquelas informações e daquele mercado, não vai ser a "sua" pesquisa.

É fundamental um resumo das atribuições de cada cargo, a escolaridade e experiência exigida. Inicialmente se faz as comparações pelo título (esta a razão pela qual procuramos padronizar os títulos). Mas, é fundamental verificar se as atribuições são semelhantes, pelo menos 70% delas.

Pode acontecer que o título seja idêntico, mas as atribuições não. Um exemplo: Gerente de Manutenção, cuja responsabilidade seja a manutenção de todos os equipamentos, elaborar e executar toda a programação de manutenção preventiva de uma empresa. Em uma empresa, ele pode ter dois subordinados, um Supervisor de Mecânica e outro de Elétrica e debaixo destes, 30 pessoas: Torneiros, Fresadores, Eletricistas, Eletrônicos etc. Em outra, o Gerente de Manutenção administra um contrato em que todo o trabalho é terceirizado. O objetivo dos dois cargos é semelhante, mas a forma de trabalho, as atribuições, os desafios, as competências necessárias são diferentes. Por ser cargo executivo, isto faz diferença na hora de avaliar o cargo. Já para um cargo simples, da base, como Auxiliar de Produção, pode ter muitos títulos diferentes no mercado, como Auxiliar de Serviços Gerais, Servente, Ajudante Industrial, e as atribuições serem idênticas.

Além do resumo das atribuições, será necessário informar a **frequência**, isto é, quantos ocupantes ou número de pessoas existem ocupando aquele cargo, bem como o salário de cada uma delas e outras vantagens pecuniárias, benefícios, carga horária trabalhada.

Você pode perguntar: "e os demais cargos que não estão na pesquisa? Como fazer?" Simples. Se nós tivermos os pontos de todos os cargos e funções avaliadas, "encaixam-se" os cargos que não encontramos na pesquisa pelos **pontos** dos pesquisados, isto é, na mesma classe, e submetem-se à apreciação do comitê e depois diretoria, comparando valores salariais.

4.3.2 Definição do Mercado (Empresas para a Pesquisa)

Podemos ter dois critérios, ambos técnicos, ou um misto deles. O que consideramos o critério mais apropriado é a resposta a duas perguntas:

1) Em quais empresas a empresa pode recrutar pessoas para ocupar os cargos em questão?
2) Para quais empresas pode perder quais cargos?

Neste caso, digamos, por exemplo, que a força de trabalho operacional é recrutada no entorno da empresa, nos bairros próximos. É preciso pesquisar esses salários nas empresas próximas. Os técnicos e administrativos de nível superior podem ser recrutados em vários pontos da cidade ou nas cidades próximas. E pode ser que, para gerentes ou executivos, seja necessário recrutar em vários pontos do país. Podemos pesquisar em diferentes locais.

O outro critério é por semelhança de atividade econômica. Neste caso, se for uma empresa do ramo metalúrgico, recruta-se em empresas semelhantes, juntamente com outro critério importantíssimo: porte.

O porte pode ser representado ou pelo faturamento ou pela quantidade de empregados, ou ambos. Lamentavelmente, em algumas empresas o faturamento é "confidencial". Geralmente, uma empresa de grande porte paga salários melhores do que uma empresa de pequeno porte. Se o pesquisador for uma empresa de pequeno porte e adotar uma grande como parâmetro, corre o risco de inflar sua folha e seus custos, tornando-se menos competitivo, salvo se aplique um fator de correção nos valores. O inverso é verdadeiro. A menos que não exista a possibilidade da informação de maneira adequada, mas neste caso deverá ser dado o devido tratamento na hora da tabulação.

Outro detalhe importante é a região geográfica. O mercado de salários pode se comportar de forma diferente de região para região. Se a empresa pesquisadora fica no interior do estado do Paraná, por exemplo, não faz sentido pesquisar na capital do estado de São Paulo, salvo se for cargo gerencial e se for lá que ela recruta seus gerentes.

É preciso também que seja conhecido o nível do posicionamento, o conceito da empresa que vai ser convidada, comparando com a sua. Como ela se posiciona em relação ao mercado de salários: nas boas pagadoras? Nas médias? E os benefícios? Pois isto vai elevar ou baixar os resultados da pesquisa em relação ao posicionamento.

Importante: não se deve pesquisar somente salário direto, mas todos os valores que compõem a remuneração, bem como os benefícios, os quais, na medida do possível, devem ser quantificados e transformados em valores para poder comparar.

Existem algumas empresas, principalmente estatais e economia mista, que fazem pesquisas de empresas similares nos vários estados da federação, por não ter similar em sua região. Neste caso, geralmente se atribui um delta ou fator de redução ou acréscimo aos valores salariais.

Até há pouco tempo os mercados se comportavam desta maneira, com algumas variações devido a tipicidade de alguns negócios: São Paulo, Capital era o valor mais alto, seguido do Rio de Janeiro; em terceiro vinha Minas Gerais e os estados da Região Sul – PR, SC, RS; a Região Oeste vinha sendo comparada com o Nordeste. Alguns agronegócios têm melhorado os padrões salariais. A interiorização de grandes empresas, a migração de mão de obra para diversas cidades, as mudanças de comportamento e a economia afetam o poder de compra.

Como consequência destas ações, as diferenças salariais entre as cidades têm diminuído. A cidade de Brasília, DF e Manaus, na região Norte, têm comportamento bem atípico. Existem situações em que no interior de São Paulo paga-se salários maiores que na capital.

Empresas com filiais em vários estados praticavam várias tabelas salariais dependendo da região. É normal a tabela salarial para gerentes ser única, para propiciar a mobilidade necessária, mas já existem empresas que pagam salários nacionais, isto é, tabela única para todos os cargos por conta da atividade sindical.

4.3.2.1 Quantidade de Empresas para a Pesquisa

Considerando-se que necessitamos de uma amostra mínima por cargo, que não vamos encontrar todos os cargos em todas as empresas, e que algumas convidadas vão se negar a participar, outras que concordaram acabam não entregando os dados a tempo, é preciso fazer um rol bem maior do que a necessidade mínima. Por exemplo, convidar 20 empresas para obter 10 participantes.

Um número muito restrito não atende a necessidade estatística, além do que existe o risco da identificação da empresa e dos salários.

Questão ética:
Normalmente quem faz e tabula a pesquisa nunca revela qual empresa está pagando quanto. É uma questão ética.

Mesmo que seja uma consultoria, para o cliente que está pagando a pesquisa, o normal é revelar somente a lista das empresas e os dados estatísticos gerais comparados com os salários pagos pelo cliente.

4.3.2.2 Caderno de Pesquisa

O caderno ou formulário, hoje feito de forma eletrônica, precisa conter as seguintes informações, cargo a cargo: título do cargo, resumo das atribuições, escolaridade e experiência, carga horária, adicionais pagos, vantagens, benefícios, remuneração variável, participação nos resultados, número de salários por ano, tudo o que representa valor, por coluna. Os benefícios, sempre que possível, devem ser quantificados.

O melhor, após o convite de participação, é que a coleta dos dados seja feita pessoalmente para que haja uma identificação perfeita. Caso não seja possível, faz-se um contato telefônico e troca de informações pela internet. Quando o contato é pessoal, muitas informações da pesquisa já são trabalhadas, antecipando a fase de análise dos dados, a ser comentado no próximo item.

4.3.2.3 Análise dos Dados

Na etapa de análise dos dados, faz-se como que uma "limpeza" na base dos dados. Analisam-se os números muito destoantes (desvio padrão) para cima ou para baixo. Por exemplo, pessoas com salários muito altos, devido a muitos anos de serviço, gratificações ou PPR incorporados, ou que exerciam cargo mais importante e foram mantidas com as atribuições de outro cargo ou de pessoas que podem estar com um título, mas na realidade, analisando as atribuições, faltou um detalhe de outra atividade importante que a mesma pessoa acumula e que não constava do caderno. O inverso também acontece, pessoas com salários muito baixos devido a outros fatores. Esses dados já são cortados antes da tabulação.

4.3.2.3.1 Frequência

Outra análise importante é a frequência muito alta e a muito baixa de alguns cargos numa só empresa. Se for muito alta, comparada com a frequência de outras empresas – por exemplo, 50 ocupantes do cargo Auxiliar Administrativo – esta informação de determinada empresa vai "puxar" os dados para cima ou para baixo.

É preciso reduzir esta frequência para um número adequado. Se por outro lado a frequência é menos de 3, não se utilizam estes dados, são pouco representativos. Estes dados então já são suprimidos nesta fase de análise.

Podem-se utilizar os dados como uma informação, mas não são seguros para tomada de decisão.

4.3.2.4 Correção dos Valores Salariais para uma Mesma Data-base
Considerando que existe inflação, não importa se pequena ou não, e que as datas-bases de correção salarial são diferentes, uma das primeiras providências é a correção dos salários para um determinado mês. Acumulam-se os índices de inflação e os valores percentuais são transformados em índices e multiplicados pelo valor do mês da data-base até o mês para o qual se quer os valores corrigidos. Os indicadores mais utilizados são INPC do IBGE, IPC da FIPE, IPCA do IBGE, IGPM da FGV. Pode-se também calcular uma média de todos eles.

No site **www.calculoexato.com.br** pode-se obter qualquer cálculo com facilidade.

4.3.2.5 Jornada de Trabalho
Não se pode comparar salários de uma empresa cuja carga horária é de 220 horas com outra que é 200 horas. Neste caso, transformam-se todos os salários para a carga horária que se quer comparar.

A terceira ação é o ordenamento dos salários corrigidos e com mesma jornada, em ordem crescente, levando-se em conta a frequência em cada valor.

4.3.2.6 Tabulação dos Dados
Normalmente as consultorias utilizam um *software* para processar os dados, mas podem perfeitamente ser executados no Excel.

"Passos" para a tabulação da pesquisa salarial:
1. Ajustar todos os salários para uma mesma "base" (considerar carga padronizada para todos os valores e / ou considerar épocas de reajustes salariais como decorrência de convenções coletivas de trabalho);
2. Listar os valores dos salários (inclusive os valores já corrigidos), em ordem crescente de valores, acompanhados de suas respectivas frequências acumuladas, sem considerar as empresas;
3. Calcular o valor da primeira Média Aritmética Ponderada – M.A.P. (provisória);
4. Calcular o valor do Desvio-Padrão (s);
5. Calcular o valor do limite inferior (L.I.);

6. Eliminar da amostragem os valores inferiores (menores) do que o limite inferior (L.I.);
7. Eliminar da amostragem os valores superiores (maiores) do que o limite superior (L.S.);
8. Calcular o valor da M.A.P. definitiva, considerando os valores que permanecem na amostragem, após a eliminação dos valores "extremos";
9. Calcular os valores das posições quartílicas (PQ): 1° PQ / 2° PQ / 3° PQ. Para realizar o cálculo das posições quartílicas, voltam a ser considerados todos os valores, inclusive os salários que tinham sido eliminados para o cálculo da M.A.P. definitiva.

4.3.2.7 A Questão dos Cálculos

Conforme citado no início do Capítulo II, não pretendemos com esta obra discorrer a parte de cálculos estatísticos de um PCS. Queremos falar da estratégia, conceitos e das técnicas mais adequadas para construir e implantar um PCS.

Sobre os cálculos matemáticos, muitos excelentes livros já foram elaborados, relacionados nas referências bibliográficas.

4.3.3 Pesquisas Adquiridas no Mercado

Há que se ter um grande cuidado com pesquisas prontas. Se elas não mostrarem a lista das empresas pesquisadas, os critérios de tabulação e dados como frequência (número de pessoas que ocupam o cargo pesquisado), não têm valor técnico e não devem ser utilizadas para decisão. Algumas empresas que não são especialistas no assunto vendem pesquisas dizendo ser de mercado, que na realidade são "intenção de ganho" de candidatos a emprego. Fique atento caso venha adquirir um produto destes, pois você pode adquirir um grande problema.

4.4 Elaboração da Tabela ou Grade Salarial

Tendo a pesquisa tabulada, temos os dados importantes para ajudar a compor a próxima parte do PCS, que é a Tabela Salarial.

É comum acontecer de a Diretoria definir inicialmente um posicionamento de intenção em relação ao mercado, dependendo dos custos de implantação. Neste caso, para evitar retrabalhos, é fácil saber o impacto aproximado para implantação. A Diretoria decide, por exemplo, que quer pagar na média do mercado. Multiplicando-se a diferença entre o salário médio do mercado (M.A.P.) e o salário médio da empresa pela frequência (número de pessoas em cada cargo), tem-se o valor aproximado do impacto, quanto custará a implantação para a empresa. O percentual e valor obtidos serão levados à diretoria para obter uma sinalização de valor. Isto evita que o grupo que está elaborando o PCS perca tempo e retrabalhos.

Se o valor do impacto percentual na folha de pagamento for inviável terá que ser adotado outro posicionamento estatístico abaixo da média e outros estudos, de forma que a empresa possa absorvê-lo.

Existem várias formas de elaborar a tabela salarial. Uma delas é utilizando fórmulas matemáticas. Nesta, a tabela fica matematicamente perfeita, mas não dispensa ajustes "manuais", conforme será explicado adiante. Para elaboração da tabela, é necessário inicialmente ajustar os dados da pesquisa, sendo necessários os seguintes dados para os cálculos: a classificação dos cargos de acordo com os pontos, como visto no tópico anterior; a média dos pontos de cada classe, os valores médios dos salários por cargo e os resultados da pesquisa salarial.

4.4.1 Cálculo do Ajuste Correlação Pontos X Salário

Para fazer o ajuste de dados entre os salários da empresa e os pontos de avaliação dos cargos com os dados salariais encontrados no mercado, é preciso fazer os cálculos por meio de regressão linear simples (reta) e também exponencial, definindo o melhor ajuste, conforme exemplo abaixo:

AJUSTE DE DADOS		EMPRESA X MERCADO					
A - REGRESSÃO LINEAR		Y=	166,40		1,6620		
B - EXPONENCIAL		Y=	6,2055		0,001286		

Número de pessoas	Cargo	Pontos (x)	M.A.P Sal. R$ (y)	Linear y	EXP (LN) y	Linear (y - y)	Linear (2) (y - y)	EXP (LN) (y - y)	EXP (LN) (2) (y - y)
1	Ajud Manut.	197	R$ 631,35	R$ 493,81	R$ 638,32	R$ 137,54	R$ 18.916,15	R$ 6,97	R$ 48,60
1	Oper. Empilh.	555	R$ 1.000,00	R$ 1.088,81	R$ 1.011,54	-R$ 88,81	R$ 7.887,22	R$ 11,54	R$ 133,19
1	Lubrif.	557	R$ 1.150,00	R$ 1.092,13	R$ 1.014,15	R$ 57,87	R$ 3.348,47	-R$ 135,85	R$ 18.456,35
1	Torn. Mec.	594	R$ 920,00	R$ 1.153,63	R$ 1.063,57	-R$ 233,63	R$ 54.582,04	R$ 143,57	R$ 20.611,60
1	Mec. Manut.	930	R$ 1.800,00	R$ 1.712,06	R$ 1.638,41	R$ 87,94	R$ 7.733,44	-R$ 161,59	R$ 26.112,14
1	Ferram	1.200	R$ 2.200,00	R$ 2.160,80	R$ 2.318,56	R$ 39,20	R$ 1.536,64	R$ 118,56	R$ 14.055,60
Total 6						Total -->	R$ 94.003,97	Total -->	R$ 79.417,49

OBS: Formula R. Linear é Y= 166,40 + 1,6620 . X
Formula Exponencial é Y= 6,2055 + 0,001286 . X

Obs: Melhor ajuste sempre será o modelo de regressão menor
Raiz total da coluna Linear dividido pelo total de cargos menos (Fixo 2).
Raiz total da coluna Exponencial dividido pelo total de cargos menos (Fixo 2)

Formula Linear -------------> 153,30
Formula Exponencial ------>(menor) **140,91**

Tabela 10 – Análise da correlação dos pontos X salários

Com os pontos e salários ajustados, pode-se trabalhar com gráficos que expressam de forma clara a situação da empresa perante o mercado, conforme gráfico com outro exemplo abaixo:

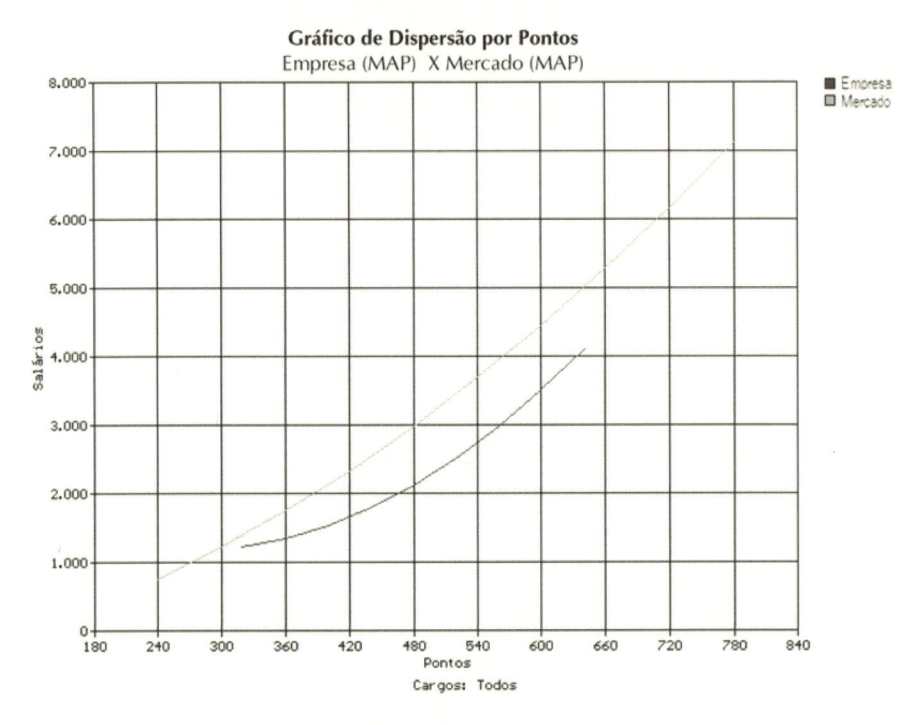

Figura 9 – Gráfico Dispersão por pontos

Interpretando o gráfico, a empresa (linha escura) paga perto do mercado (linha clara) para cargos na faixa de 300 pontos, mas se distancia de forma homogênea nos demais cargos até 600 pontos.

4.4.2 Montando a Grade de Forma Matemática

Na tabela 11 abaixo você encontra a grade montada. Calcula-se os valores da tabela salarial, partindo-se do valor de mercado ajustado (no caso do exemplo abaixo, posição D – R$ 631 e R$ 2.128,00) da tabela, e projetam-se os extremos.

O valor encontrado na aplicação da fórmula de ajuste pode ficar no centro da grade (nível central do cargo ou dos respectivos pontos do cargo).

Definir quantidade de níveis por classe salarial (no exemplo abaixo, 7 níveis).

Definir intervalo % entre o maior e o menor nível da classe ou amplitude de classe, neste caso 1,32 ou 32%.

Obtenção do percentual de diferença entre um nível e outro, neste caso 4,74%. Para essa definição, é preciso considerar a inflação anual e os critérios de evolução salarial. Aplicar o percentual obtido (em formato de índice) multiplicando-se sucessivamente a partir do valor central para obter os valores acima do central e dividindo-se para obter os valores abaixo do central.

Geralmente identificamos as classes em algarismos romanos e os níveis com letras A, B etc. Se houver mais de 23 níveis adotam-se números arábicos.

Com base nos cálculos apresentados na tabela 10, temos:

TABELA SALARIAL - PLANO "OPERACIONAL"
AMPLITUDE DE PONTOS: 120   A   1200 PONTOS
INTERVALO DE CLASSE: 18,96%   INTERVALO DE NÍVEL: 4,74%
Regressão Linear Y -> 166,4 + 1,662 .x
Exponencial Y ------> 6,2055 + 0,001286.x

CLASSES	NÍVEIS PONTOS		Média nível ponto	A	B	C	D	E	F	G
I	120	255	188	549	575	603	631	661	692	725
II	256	390	323	653	684	717	751	786	824	863
III	391	525	458	777	814	853	893	935	980	1026
IV	526	660	593	925	968	1014	1062	1113	1166	1221
V	661	795	728	1100	1152	1207	1264	1324	1386	1452
VI	796	930	863	1308	1370	1435	1503	1575	1649	1728
VII	931	1065	998	1557	1630	1708	1789	1873	1962	2055
VIII	1066	1200	1133	1852	1939	2031	2128	2228	2334	2445

Obs: Somente dois salários dão origem à tabela (1º e o último salário médio).
1º Salário 631
último salário: 2.128

Obs: Os pontos evoluem com base na razão de uma P.A.
P.A = A1 = 120
An = 1.200
N = 9 (Qtde de Níveis de Classes).
Fórmula = An - A1 / n - 1 =
= 1200 - 120 / 9 - 1 = 135
P.A = 135 (este é o valor do intervalo entre cada faixa de pontos)

Tabela 11 – Tabela salarial com ajuste de pontos X salários

4.4.3 Sobreposição de Faixas

É normal acontecer uma sobreposição, onde o maior salário de uma determinada faixa salarial está presente na faixa salarial superior.

Como se pode observar, esta tabela acima tem valores fixos, iguais, de intervalos entre classes, os mesmos valores de amplitude para as faixas das diversas classes salariais. Matematicamente está perfeita, mas temos que considerar sua utilização prática, que vamos abordar em seguida.

4.4.4 Análise dos Dados para Utilização Prática da Tabela

É preciso entender que, embora tenha uma forma técnica de elaborar um PCS e todas as etapas tenham sido executadas de forma correta, não é um trabalho "engessado". Há que se fazer a análise no sentido de manter os talentos dentro da empresa e não se perca para o mercado por motivo de salários, como vai funcionar a tabela na prática atendendo os fatores de atração, retenção, carreira etc.

Então realizamos um exercício com o comitê no sentido de verificar se a tabela atenderá a sua finalidade, se a empresa vai adotar como padrão o valor da hierarquia interna ou se o valor do mercado. Nesta parte do trabalho é importante a presença no Comitê do responsável por Recrutamento e Seleção da empresa, o qual convive no dia a dia com o assunto e tem conhecimento prático de mercado.

Pode ser que existam cargos que são estratégicos para o negócio e a empresa tenha avaliado com um valor relativo e que o mercado paga mais. Neste caso, reposiciona-se o cargo em outra classe salarial.

Perguntas a serem feitas e respondidas:

- Pode-se recrutar no mercado, com os salários iniciais propostos, para cada cargo e função (atração)?
- As faixas salariais propostas contemplam a retenção?
- E as carreiras, como funcionarão na prática?

Elabora-se exercícios práticos de pessoas em determinados cargos, projetando uma carreira para elas, as mudanças de cargos e funções. Neste momento também são definidas as políticas de promoção, percentuais de aumento para cada caso de evolução por mérito etc.

Com base nas respostas, efetuam-se os ajustes necessários, onde poderá acontecer de um cargo alterar a classe, alterar intervalos percentuais entre classes, modificar valores na tabela, alterar amplitude etc.

Pode-se também elaborar a tabela diretamente com este exercício.

4.4.5 Amplitude

Conforme já tratado, denominamos **amplitude** o valor correspondente entre o maior valor da faixa salarial da classe e o menor valor, o salário admissional.

Aqui se faz um dos importantes ajustes na tabela que não é matemático. A tabela não precisa ter amplitudes idênticas para cada cargo. Isto é comum no serviço público, mas não no privado, embora já tenhamos visto esta prática por outras consultorias.

Vamos ver como a empresa privada trata do assunto e como deveria ser. A empresa quer que as pessoas evoluam, que progridam na carreira. Cada cargo tem uma contraprestação de serviço que tem um valor agregado e um custo. Então, não faz sentido ter cargos simples da base ficando, por exemplo, dez anos na mesma função, entregando a mesma coisa, tendo aumentos sucessivos de salário por tempo e com custo mais alto. Então, o que se faz é projetar uma amplitude mais curta para os cargos de baixo valor. Em compensação, onde se necessita retenção e o "gargalo" para promoção "afunila", caso dos Analistas, projeta-se uma amplitude maior.

Neste caso, elabora-se uma planilha com um demonstrativo dos valores de salários médios MAP praticados pela empresa, o valor da MAP de cada cargo pesquisado no mercado, o valor dos pontos de avaliação, frequência do número de ocupantes dos cargos e a diferença resultante.

Na tabela a seguir pode-se verificar como é feita a apresentação dos dados para análise em uma pequena amostra de uma classe salarial. A tabela salarial tem uma amplitude maior, não apresentada por limitação de espaço.

CARGO	EMPRESA			MERCADO			PONTOS		CLASSE	NÍVEIS			
	Freq.	Salário	Média Sal. Classe	Freq.	Salário	Média Sal. Classe	Total	Média Classe		A	B	C	D
ANALISTA COMERCIAL -	1	2.880		2	4.309		467			2.929	3.008	3.089	3.172
ANALISTA SISTEMAS	3	2.883		1	1.363		467						
COORDENADOR ADMINIST. PESSOAL	1	4.388		1	2.411		466						
ANALISTA COMERCIAL - CTBA	3	2.367		2	4.309		457						
BIÓLOGA	1	1.895		2	1.902		431						
COORDENADOR OPERAÇÕES PORTUÁRIAS	1	8.108	3.172	5	5.535	2.992	416	428	VI				
COORDENADOR MANUTENÇÃO 2	2	2.736		5	2.531		410						
ANALISTA FINANCEIRO	1	2.549					409						
ANALISTA CONTÁBIL	2	3.240		2	2.676		405						
COORDENADOR COMERCIAL	-						404						
ANALISTA SUPORTE	2	1.770					401						
ANALISTA FISCAL	1	2.074		2	1.895		400						

Tabela 12 – Análise dos dados – teste prático da tabela

Quando se projeta a tabela, é importante saber também onde estão posicionados os atuais colaboradores para saber quanto tempo de "vida" terá a tabela ou se não estará defasada em pouco tempo. Isto é, quantos poderão ter aumentos em quanto tempo.

Agora veja outro exemplo com uma tabela já analisada:

TABELA SALARIAL						NÍVEIS - 5%												jul/10
Cargo	Área	Pontos	Média Na Empresa	Média No Mercado	Classe	A	B	C	D	E	F	G	H	I	J	K	L	M	Amplitude
AUXILIAR DE ALMOXARIFADO	LOGÍSTICA	208	750	893	I	750	788	827	868	912	957								27,63%
ALMOXARIFE	LOGÍSTICA	275	1.400	1.764	II	1.350	1.418	1.488	1.563	1.641	1.723								27,63%
TÉCNICO MANUTENÇÃO PREDIAL	LOGÍSTICA	280	1.650	1.377															
ASSISTENTE ADMINISTRATIVO - RECEPÇÃO	ADM	280	1.100	1.015															
ASSISTENTE ADMINISTRATIVO - DIVERSAS ÁREAS	ADM	293	1.800	1.966															
ASSISTENTE FINANCEIRO	ADM	300	1.700	1.966	III	1.500	1.575	1.654	1.736	1.823	1.914								27,63%
ASSISTENTE TÉCNICO INFORMÁTICA	TI	310	1.320																
ASSISTENTE TÉCNICO DE VENDAS	VENDAS/DIDÁTICO	320	1.300																
PROMOTOR TÉCNICO VENDAS	VENDAS	400	2.050	1.224	IV	1.000	2.100	2.205	2.315	2.431	2.553	2.680	2.814	2.955	3.103				55,13%
TÉCNICO ELETRÔNICO	TÉCNICA	411	1.800	3.289				JR		PL			SR						
ANALISTA ADMINISTRATIVO	ADM	424	2.800																
ANALISTA DE MARKETING	MARKETING	512	2.200	3.564	V	2.580	2.709	2.844	2.987	3.136	3.293	3.457	3.630	3.812	4.002	4.203	4.413	4.633	79,59%
ANALISTA FINANCEIRO	ADM	524	2.900	3.824				JR			PL				SR				
ANALISTA DE RH	ADM	556	3.050	3.333															
COORD. LOGÍSTICA	LOGÍSTICA	690	4.000	6.964	VI	4.693	4.928	5.174	5.433	5.704	5.990	6.289	6.604	6.934					47,75%
COORD DE VENDAS REGIONAL	VENDAS	717	4.400	8.057															
COORD ADM FINANCEIRO	ADM	796	4.800	7.257															
COORD DE MARKETING	MARKETING	798	6.000	7.017															
GERENTE ADMINISTRATIVO FINANCEIRO	ADM. FINANCEIRO	1003		13.004	VIII	9.200	9.660	10.143	10.650	11.183	11.742	12.329	12.945	13.593	14.272	14.986	15.735	16.522	79,59%
GERENTE CORPORATIVO DE MARKETING	MARKETING	1074		12.451															
GERENTE NACIONAL DE VENDAS	VENDAS	1097		12.074															

Tabela 13 – Tabela ou Grade Salarial pronta

O intervalo entre classes não é igual, bem como a amplitude, criados para a situação específica do negócio. Para duas classes foi criado dentro da mesma classe as figuras de Junior, Pleno e Senior, para propiciar a formação e retenção.

Agora uma tabela sintética (corte de um cargo) feita para uma empresa de economia mista, com poucos cargos e muitas funções com pontuação semelhante:

CARREIRA	CARGO	FUNÇÃO	ÁREA	FAIXA SALARIAL	NIVEL	STEPS (1,5% ENTRE OS STEPS)		
ENSINO MÉDIO	ASSISTENTE	ALMOXARIFE	ASI	I		Salário Inicial	Ponto Médio	Salário Final
		APOIO GERAL	DIVERSAS ÁREAS					
		ATENDIMENTO AO CLIENTE	CRC		JR-JUNIOR	1.114	1.218	1.372
		COBRANÇA	FCC					
		EVENTOS	MCO		PL-PLENO	1.393	1.569	1.794
		FROTA	ASI					
		LOGÍSTICA	CVA		SR-SENIOR	1.821	2.082	2.416
		MANUTENÇÃO	ASI					
		MONITORAÇÃO DE CALL CENTER	CRC					
		PATRIMONIAL	ASI					
		PLANEJAMENTO DE ESTOQUE	ASI					
		PROTOCOLO	ASI					
		SECRETARIA - ADM	DIVERSAS ÁREAS					
		SEGURANÇA PATRIMONIAL	ASI					
		SEGUROS	ASI					
		SERVIÇOS GERAIS						
		SUPORTE VENDAS	CCO					
		TREINAMENTO	AGP					
		VENDAS VAREJO	CVA					

Tabela 14 – Corte de Tabela com cargos e funções

Nesta, como a contratação é por concurso, permite ao ocupante de um cargo "navegar" em diversas funções, desenvolvendo competências e permitindo melhorias salariais por meritocracia. Após a leitura do capítulo sobre avaliação de desempenho isto ficará mais claro.

4.4.6 Aspectos Importantes para a Política de Implantação do PCS e o Uso da Tabela

Antes do estudo de enquadramento individual, é importante ter conceitos e definições sobre como funcionará o enquadramento e a evolução salarial.

Então, considera-se o nível 1 o salário admissional para a função, acreditando que as pessoas levam um tempo para se adaptar à empresa e à função para dar resultado. Após o período de experiência devidamente avaliado, o ocupante da função pode passar para o nível 2.

Daí para frente, o colaborador pode ter aumentos sucessivos desde que adquira os conhecimentos, tenha as habilidades e atitudes para a função e entregue os resultados esperados, até atingir o ponto médio do mercado, que em geral está assinalado na tabela.

Deste ponto em diante, a política poderia estabelecer que o colaborador só passa para o nível acima do mercado se entregar acima de um determinado resultado. Esta é uma forma de praticar meritocracia e ter os custos equilibrados, isto é, pagar o que vale o cargo / função no mercado proporcionalmente à entrega que seu ocupante realiza.

Entendemos como **promoção ou ascensão funcional** o processo de crescimento vertical na carreira quando houver a necessidade de preenchimento de vagas de cargos de classes superiores, na referência salarial imediatamente superior na classe de destino, isto é, a mudança de uma pessoa de um cargo para outro de valor imediatamente superior na classe salarial da tabela.

No serviço público, é comum entender-se como promoção qualquer tipo de aumento salarial.

Na iniciativa privada, os aumentos de salário no mesmo cargo / função em geral são chamados **progressão por desempenho ou por mérito**, isto é, a elevação do salário do colaborador, de um nível para outro, com valor imediatamente superior ao anterior, pelo critério de mérito, seguindo Tabela de Salários.

4.4.7 Carreira

Chamamos de Carreira a evolução funcional de cargo e de salário na tabela, de acordo com os critérios de promoção. Tendo os cargos avaliados, classificados e a distinção de cargo e função, mais o mapeamento de competências, os colaboradores podem mudar de função no mesmo cargo, utilizando a progressão nas competências.

Pode-se visualizar com clareza onde estão, para onde podem ir e principalmente o que precisam conhecer (CHA) para progredir.

Para a chamada geração Y, é um excelente fator de retenção. Abaixo apresentamos um quadro com exemplo de carreira.

MAPA DE CARREIRA GERAL

I. CARGOS TABELA MATRIZ/SP

CLASSE I

AACJ — Assistente Administrativo - Contábil/Jurídico

TRANSIÇÃO DE CARGO DENTRO DA MESMA CLASSE SALARIAL:

	Cargo	Função	Área	Tabela	Classe
1	Assistente de Marketing	Marketing	Marketing	MATRIZ	I
2	Assistente Administrativo - Recepção	Recepção	Financeiro	MATRIZ	I

PROMOÇÃO - MUDANÇA DE UM CARGO PARA OUTRO DE CLASSE SUPERIOR:

	Cargo	Função	Área	Tabela	Classe
3	Analista Contábil JR		Contábil	MATRIZ	II
4	Analista de Tesouraria JR		Financeiro	MATRIZ	II
5	Analista de Administração de Pessoal JR		Gente&Ação	MATRIZ	II
6	Analista Desenvolvimento Humano JR		Gente&Ação	MATRIZ	II
7	Analista Fiscal JR		Contábil	MATRIZ	III
8	Analista Orçamento e Gestão JR		Financeiro	MATRIZ	III
9	Analista Gestão Financeira JR		Financeiro	MATRIZ	III
10	Analista de Remuneração JR		Gente&Ação	MATRIZ	III
11	Anaista de Projetos Logísticos JR		R&D	MATRIZ	III
12	Analista de TI - JR	Analista de Projetos Desenvolvimento JR	T.I.	MATRIZ	III
13	Analista de TI - JR	Analista de Projetos Infraestrutura JR	T.I.	MATRIZ	III
14	Analista de TI - JR	Projetos Funcionais JR	T.I.	MATRIZ	III
15	Assistente de Transporte		Transportes	UNIDADE	IV

Figura 10 – Exemplo de carreira

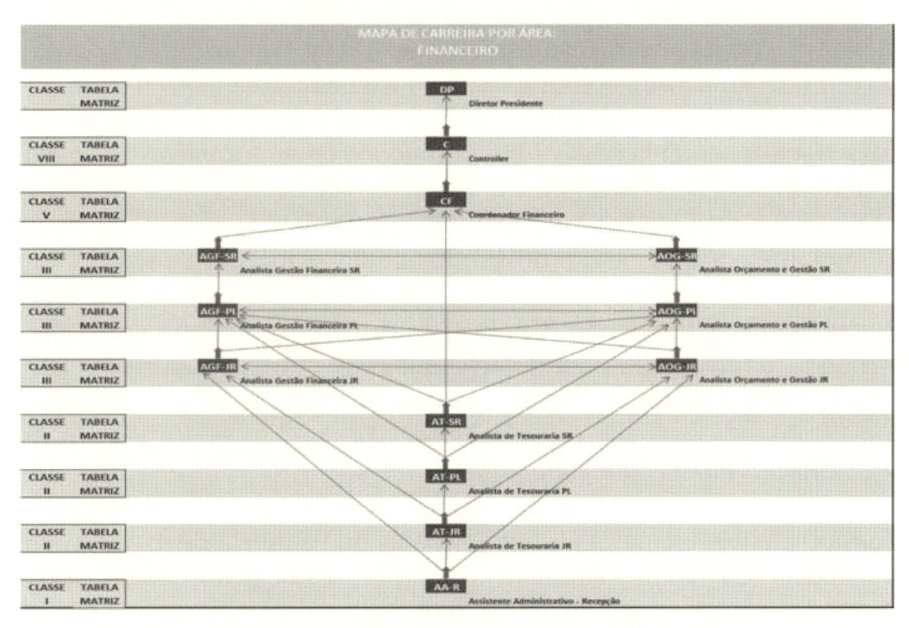

Figura 11 – Gráfico exemplo de carreira

4.4.8 Piso da Categoria

É importante observar que o menor valor contido na tabela será o piso da categoria, expresso no acordo salarial com o sindicato ou convenção coletiva de trabalho. Um Acordo é quando ocorre entre sindicato e empresa e uma Convenção é o sindicato dos empregados com o sindicato patronal.

4.4.9 Salário Mínimo Profissional

Existem algumas profissões em que é estipulado um valor do salário mínimo, o qual também deverá ser observado na confecção da tabela salarial. Principalmente se o responsável pela função for o responsável técnico perante um órgão fiscalizador (Engenheiro perante o C.R.E.A., Químico perante o C.R.Q., por exemplo).

4.4.10 Profissões Regulamentadas

Em empresas públicas, é comum dar-se aos cargos o título de sua formação: Administrador, Economista, Advogado etc. Quando se adota o título da formação de uma profissão regulamentada, deve-se aplicar os critérios de carga horária e salário que a legislação específica estipula.

Em empresas privadas é diferente. Dá-se o título mais adequado em relação ao processo que o cargo executa. Podemos chamar, por exemplo, um cargo de Analista de Processos, cuja formação necessária para o mesmo é Engenheiro. Ele é Engenheiro de formação, mas não assina projetos, não é responsável técnico.

Outro exemplo é o Jornalista, uma profissão regulamentada, carga horária diferenciada. Se o profissional não é o responsável técnico pelo órgão de comunicação, poderia ser Analista de Comunicação e fazer outras tarefas, trabalhando 8 horas por dia. E podemos ter como pré--requisito de formação para o cargo qualquer curso superior correlato, com a "competência" de redigir textos.

4.4.11 Tabelas por Categorias

Dependendo do porte da empresa e sua estrutura, elaboram-se duas ou até três tabelas. Existem empresas que a tabela de executivos é totalmente separada e não divulgada. Os pontos de avaliação de cargos de grupos ocupacionais diferentes na grande maioria dos casos não se comparam. Há situações em que o salário para operacionais é por hora, os chamados horistas, e para administrativos é mensal, os mensalistas.

Em outras situações, principalmente em empresas de pequeno ou médio porte, onde ocorre a avaliação de todos os cargos em suas respectivas escalas, faz-se a análise comparativa com o mercado mediante elaboração de várias tabelas, agrupam-se os dados e decide-se por uma única tabela, com todos os cargos.

4.4.12 Tabelas por Região Geográfica

Em empresas de grande porte, podem ser necessárias várias tabelas com valores diferentes, dado o comportamento dos valores salariais ser diferente de região para região em função do custo de vida. Então, pode-se ter cargos idênticos, principalmente operacionais e administrativos, com valores diferentes.

Algumas empresas praticam tabela salarial única para gerentes, dada à necessidade de mobilidade (transferências). Atualmente, devido a polos e projetos específicos, certas regiões estão tendo um grande crescimento econômico, atraindo profissionais de várias áreas e provocando evolução salarial.

4.5 Enquadramento

Normalmente, para enquadramento, adota-se como padrão enquadrar cada **pessoa** no mínimo no primeiro nível de cada classe. É recomendável uma avaliação individual simples, de uma página, com alguns fatores obrigatórios e outros secundários no qual o gestor coloca sua opinião sobre o colaborador e a implantação do Plano fica documentada. Não é uma avaliação de desempenho propriamente, é mais um compromisso do gestor em relação a cada pessoa, se vale a pena investir no colaborador. Ideal até é fazê-la antes de começar o PCS.

Para o estudo do enquadramento a análise deve ser individual. Teremos o custo do **impacto real final na folha de pagamento**. Na tabela 15, temos um exemplo de planilha a ser montada para poder fazer essa análise. O valor do impacto é obtido mediante a diferença entre o salário do indivíduo e o valor do nível A da classe em que o cargo do mesmo foi enquadrado, ou nível B, ou outro, dependendo da decisão. Por isso é importante ter as políticas definidas.

No entanto, aqui não se pode falar somente de salário:

O **salário** é o também chamado ordenado, vencimento, o valor de contrato registrado em carteira, o pagamento fixo mensal. Juridicamente é o chamado salário direto.

Remuneração são todos os valores que compõem a soma do que o indivíduo ganha: salário, comissões, adicionais, prêmios, recompensas, gratificações, vantagens, bônus etc. Juridicamente é o chamado salário indireto.

Para o estudo do enquadramento, é necessário ver tudo o que o empregado ganha.

Critérios definidos:											

COLABORADOR	ÁREA	SITUAÇÃO ATUAL				CARGO PROPOSTO	SALÁRIO PROPOSTO				CUSTO	
		CARGO	SALÁRIO	ADICIONAIS	GRATIFIC		Classe	inicial	final	ENQUAD	$	%
TOTAIS >>>>												

Tabela 15 – Planilha para análise do enquadramento

4.5.1 Aspectos Legais Trabalhistas

Compilamos aqui o texto legal da Consolidação das Leis do Trabalho – C.L.T. que tem influência direta sobre a questão salarial, a chamada isonomia:

*"Art. 461 – Sendo idêntica a função, a todo trabalho de igual valor, prestado ao mesmo empregador, na mesma localidade, corresponderá igual salário, sem distinção de sexo, nacionalidade ou idade. (Redação dada pela **Lei n.º 1.723**, de 08/11/52, DOU 12/11/52).*

*§ 1º Trabalho de igual valor, para fins deste Capítulo, será o que for feito com igual produtividade e com a mesma perfeição técnica, entre pessoas cuja diferença de tempo de serviço não for superior a 2 (dois) anos. (Redação dada pela **Lei n.º 1.723**, de 08/11/52, DOU 12/11/52).*

*§ 2º Os dispositivos deste Art. não prevalecerão quando o empregador tiver pessoal organizado com quadro de carreira, hipótese em que as promoções deverão obedecer aos critérios, de antiguidade e merecimento. (Redação dada pela **Lei n.º 1.723**, de 08/11/52, DOU 12/11/52).*

§ 3º No caso do parágrafo anterior, as promoções deverão ser fei-

tas alternadamente por merecimento e por antiguidade, dentro de cada categoria profissional. (Parágrafo incluído pela **Lei n.º 1.723**, de 08/11/52, DOU 12/11/52).

Conforme pode ser observado no parágrafo 1º, não há com o que se preocupar, no enquadramento, com pessoas no mesmo cargo que tenham mais de dois anos de diferença de tempo de serviço na função. A lei também fala em "igual produtividade e com a mesma perfeição técnica". E isto somente poderá ser provado com um **sistema de avaliação de desempenho** que comprove o que a lei pede.

Instrumentos subjetivos, em caso de uma reclamação trabalhista, dificilmente um juiz vai aceitar. Entretanto, o parágrafo 2º fala que se o empregador tiver pessoal organizado em "**quadro de carreira**" (entenda-se plano de cargos e salários + carreira), as promoções deverão obedecer aos critérios de **antiguidade e merecimento.**

Embora os autores não sejam simpatizantes a critério de tempo e sim da meritocracia, não há como fugir do aspecto legal. Mas é facilmente resolvido na política, pois é perfeitamente possível considerar critério de tempo aproximado para formar uma pessoa para poder promovê-la, principalmente se tiver um sistema de gestão por competências e um de avaliação de desempenho que contemple esta questão. Mas, a nosso ver, isto deveria estar "amarrado" com o desempenho.

Nas empresas privadas, geralmente quem tem mau desempenho não fica na empresa.

Uma forma de resolver a questão, se a empresa não quiser correr riscos, ou se por ventura já tenha um histórico de reclamações trabalhistas ou a assessoria jurídica insistir muito no critério de tempo, pode-se adotar, por exemplo, um aumento a cada três anos de um percentual muito baixo, como 0,005%. Assim, não gera grande impacto financeiro e atende a lei.

Vale ressaltar que se a empresa concede algum tipo de aumento automático ou adicional por tempo de serviço, esta questão está atendida.

Conforme já explicado, pessoas com salários abaixo do nível inicial da tabela são fáceis de enquadrar, tem-se somente o custo do enquadramento para analisar. Em paralelo, a empresa pode ter o critério do desempenho, que se não for com critérios objetivos, não deve ser utilizado.

Entretanto, pessoas com salários no máximo da classe salarial ou mesmo superiores a este, em princípio somente deverão receber aumentos salariais decorrentes de reajustes coletivos obrigatórios. Cabe à empresa uma análise mais profunda para decidir o que fazer, tendo três alternativas, as quais dependerão da entrega e / ou potencial do colaborador:

a) Se o colaborador com salário acima da faixa é antigo, historicamente prestou bons serviços, tem desempenho bom, não oferece risco de paradigma para outro, a empresa simplesmente pode assumir seu custo e deixá-lo na estrutura, mantendo-o até a aposentadoria;
b) Se, além do item acima, o colaborador tem um potencial para crescimento, pode ser orientado a novos desafios, para fazer jus ao que ganha e até com o tempo ir para outro cargo / função de valor relativo superior;
c) Se apresenta custo alto em relação ao que ganha, mas o desempenho e o potencial não são bons (é difícil, mas não impossível encontrar esta situação), a decisão deve ser estudada com mais rigor. Se for paradigma para outros, a melhor decisão é a saída do empregado.

Se for uma empresa que existe há muito tempo sem PCS em que os aumentos eram dados de forma arbitrária, é possível que haja muita dificuldade em se fazer os enquadramentos. Neste caso, será preciso fazer ajustes ao longo do tempo, tabelas para um ou dois anos, pois é impossível acertar todas as situações atendendo o critério de custo.

Mais uma vez, ressaltamos a importância do envolvimento dos gestores em todas as etapas de elaboração, implantação e manutenção do PCS.

4.5.2 Avaliação de Desempenho X Posição de Enquadramento

Se a empresa possui um sistema de avaliação de desempenho reconhecido como bom, justo e objetivo, o enquadramento necessariamente não precisa ser no início da faixa da classe na tabela, pode-se definir na política em uma escala que podem ser enquadrados de acordo e o resultado das últimas avaliações.

Por questões legais, deve-se observar também o tempo de serviço.

Após falarmos de gestão por competências e avaliação de desempenho, voltaremos a falar de evolução salarial por mérito e promoções.

4.6 Cálculo do Impacto de Implantação do Plano

Após o estudo individual de enquadramento de acordo com a política definida, nesta fase cabe uma análise de custo de implantação de cada cargo e decisões importantes sobre a implantação do plano. Se o custo não for absorvível no primeiro enquadramento, faz-se um planejamento de médio e longo prazo para que todos ao longo do tempo fiquem pelo menos no primeiro nível de sua classe.

Se for necessária a revisão dos valores da tabela, sugere-se que se mantenha a hierarquia dos cargos, isto é, a justiça interna. Se a empresa não puder acompanhar o mercado, terá a mesma política em relação a todos os cargos. Uma ressalva importante são os cargos em que uma possível perda para o mercado possa causar um prejuízo considerável para o negócio. Neste caso, pode-se priorizar os salários para estes cargos ou até uma área inteira. O enquadramento dos demais cargos em relação ao mercado ficaria para outra etapa.

Feita esta análise, se o custo é absorvível, a tabela salarial é aprovada.

Uma vez mais lembramos que uma maneira de resolver a necessidade de retenção, caso a empresa não consiga acompanhar o mercado por uma questão de custos, é adotar um Programa de Participação nos Resultados, o qual bem feito, não aumenta o custo fixo.

4.7 Registro do PCSC no Ministério do Trabalho

Muitos clientes, profissionais e alunos perguntam se devem registrar o Plano de Cargos, Salários e Carreira no órgão competente do Ministério do Trabalho. Raramente recomendamos. Isto porque geralmente o órgão não tem técnicos atualizados em quantidade e qualidade suficientes para analisar e criticar um plano, levando muito tempo para devolvê-lo, dependendo da cidade. Segundo, porque cada vez que o Plano tiver uma alteração, tem que levar novamente para registro, tornando-o como que "engessado". Terceiro, pergunte a um advogado trabalhista se já perdeu alguma questão porque o Juiz disse que o PCS da empresa não estava registrado. Normalmente, advogados dirão que perdem por falta de plano e de cumprimento das regras ali estipuladas, mas não por falta de plano homologado. O que vai valer são provas documentais e testemunhas. Só é importante fazê-lo, mesmo assim com assistência jurídica, caso a empresa esteja com um número muito grande de reclamações trabalhistas decorrentes da falta de um PCSC e sua imagem já estiver prejudicada.

4.8 Política de Administração do PCS

É fundamental escrever uma política de como vai funcionar o PCS. É a oportunidade de descentralizar o processo de remuneração envolvendo os gestores, reduzindo tempo do RH e, às vezes, até da diretoria para análise de questões salariais. Esta política também vale como lei interna e se necessário havendo demanda trabalhista, o juiz vai pedi-la para verificar se está sendo cumprida. A política vai conter todos os critérios de remuneração para contratação, aumentos por mérito, promoções, níveis de autoridade para conceder etc.

4.9 Envolvimento do Sindicato

Dependendo do tipo de relacionamento que a empresa possua, analisar o momento de envolver o sindicato no PCS, se durante o processo, com este participando, ou depois de pronto. Mas de qualquer forma, é preciso que este receba as informações de como vai funcionar o Plano. Poderá até ser mais um parceiro a ajudar no sucesso da implantação.

4.10 Comunicação da Implantação do Plano

Assim como recomendamos fazer ampla divulgação antes de iniciar o PCS, também é importante comunicar a todo o quadro como o trabalho foi feito, os critérios de avaliação dos cargos e funções, resultados de pesquisa etc. Dependendo do tamanho da empresa, número de colaboradores, estrutura, é possível fazer todos juntos, pela diretoria, ou preparam-se os gestores para fazê-lo (consultoria ou RH, com informações idênticas para todos). Os gestores fazem uma comunicação geral sobre os critérios e depois uma reunião individual, onde cada colaborador recebe a informação de como fica sua situação no plano.

Capítulo III

Gestão por Competências X Remuneração

1. A Adoção da Gestão por Competências na Remuneração

Existem diferentes metodologias para elaborar os sistemas de gestão por competências.

As empresas que foram pioneiras na implantação de GPC estão pagando um preço por decisões tomadas de evolução salarial com base somente em competências e com critérios pouco objetivos de avaliação e concessão de aumentos. O resultado é um quadro de pessoal provavelmente "competente", certificado, uma folha de pagamento inchada e os mesmos resultados.

Os primeiros programas de GPC eram elaborados com frases para definir com muita ênfase o que significava cada competência, elaborava-se uma escala para definir o grau de necessidade da competência para cada cargo e avaliava-se o ocupante do cargo com base nessa escala.

Ocorre que as frases eram elaboradas muitas vezes de forma genérica para os cargos, não para as funções específicas.

O resultado da avaliação e a identificação de necessidade de treinamento também eram genéricos. A empresa acabava dando treinamento generalizado a todos.

Utilizando também este critério para dar aumento de salário, em pouco tempo uma grande parte dos colaboradores estava com a competência no máximo da necessidade e no topo da grade salarial e outra parte dos colaboradores insatisfeita por não ganhar aumento, além de gestores também insatisfeitos por não ter respostas ou a comum frase "não tem verba".

Existem situações em que a evolução nas carreiras foram definidas somente por competências, "detonando" o PCS e abandonando as descrições de cargo / função.

Pessoas adquirindo competências, gestores permitindo às pessoas assumirem funções mais complexas de nível salarial mais alto, sem a promoção. Resultado: pedidos de aumento salarial e equiparação até na Justiça do Trabalho.

Outra dificuldade das grandes empresas era a falta de compreensão do significado de cada competência e os diferentes entendimentos. Nem o dicionário de competências resolvia. Chegamos a ver empresa contratar linguista para traduzir do português para português...

O pior é a empresa nem sempre ter os resultados esperados!

Conclui-se que os problemas foram gerados pela forma de mapear competências, pouca objetividade, principalmente nas comportamentais, e também pelo excesso de denominações de tipos de competências, gerando complexidade na sua elaboração, além da falta de vínculo com **resultados.**

Não se deve, jamais, vincular política de remuneração a resultados subjetivos de avaliação que dependam da opinião de um indivíduo.

Na nossa forma de ver, gestão por competências serve principalmente para desenvolvimento das competências dos colaboradores. Remunerar é uma questão mais complexa que vamos abordar.

2. Desdobramento do CHA em Competências Técnicas e Competências Comportamentais

A proposta é ter dois grupos de competências chamados **Competências Técnicas,** o "CH" do CHA, e **Competências Comportamentais**, o "A" do CHA.

2.1 Competências Técnicas

As Competências Técnicas são todos os conhecimentos específicos ou ferramentas que o colaborador precisa conhecer e dominar para realizar as atribuições inerentes à sua função ou papel, tais como legislação, aplicativos de informática, *softwares* de gestão, metodologias, idiomas etc.

Competências Técnicas são a união do CH do CHA – Conhecimento e Habilidade – e se justifica pelo fato da desnecessidade e, em vários casos, da impossibilidade de se avaliar o conhecimento desassociado da habilidade.

2.2 Competências Comportamentais

Competências Comportamentais são as atitudes de um profissional que impactam nos seus resultados e desempenho. Elas constituem o diferencial competitivo de cada profissional. É o A do CHA.

Foco em Resultado, Liderança, Comunicação, Trabalho em Equipe, Comprometimento, são alguns exemplos de Competências Comportamentais.

Utilizando uma metáfora, podemos afirmar que o significado e a abrangência de uma competência comportamental são amplos, como o universo, representado pela circunferência completa da figura abaixo. Entretanto, apenas uma parte deste universo é necessária para uma empresa – a parte mais clara da figura. Nela está o significado daquela Competência Comportamental para a organização.

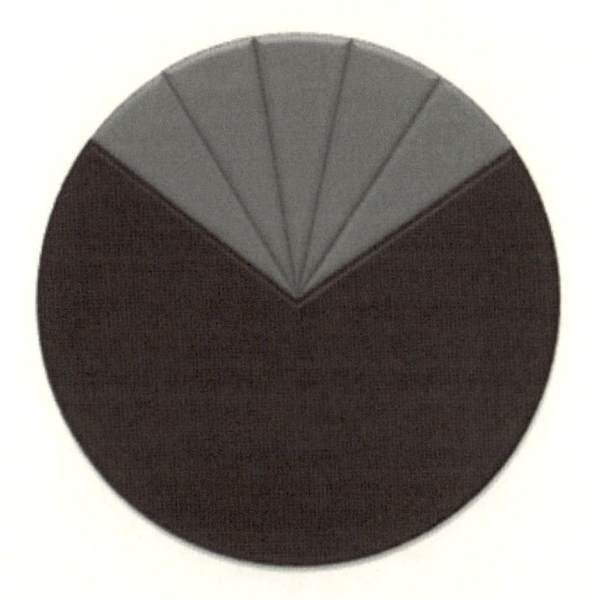

Figura 12 – Metáfora do significado e abrangência de uma Competência Comportamental

O Anexo I traz um resumo da Metodologia do Inventário Comportamental para Mapeamento de Competências, que foi trabalhada pelo autor Rogerio Leme em seu livro "Aplicação Prática de Gestão de Pessoas por Competências", publicado por esta mesma editora, a Qualitymark.

O autor quebrou um paradigma, invertendo a forma de mapear competências comportamentais. Isto é, primeiro mapeia indicadores, depois associa às competências.

3. A Ampliação do Conceito de Competências: Conceito da Entrega do Colaborador

A definição de Competências, de Scott B. Parry, apresentada no capítulo I, traz um fragmento que merece uma atenção especial quando diz que o CHA **se relaciona com o desempenho**. Isso significa que apenas Conhecimento, Habilidade e Atitude por si só **não são desempenho**.

Portanto, podemos concluir que as empresas que fazem um processo de mapeamento de competências, independentemente da metodologia adotada, e avaliam tais competências dizendo que estão fazendo uma Avaliação de Desempenho estão cometendo um **grande equívoco**, isto porque AVALIAÇÃO DE COMPETÊNCIAS não é AVALIAÇÃO DE DESEMPENHO.

Com todo o respeito aos colaboradores, mas não importam as competências que um colaborador tenha. O que importa são as competências que ele entrega, pois, se ele tem a competência e não entrega, de nada adianta para a organização.

Competência não é Desempenho! Competência é a matéria-prima para o desempenho.

É preciso ampliar o conceito de competências elevando-o a um patamar mais pragmático e que permita uma integração clara com os objetivos da organização, para que possamos comprovar os benefícios de uma Gestão Estratégica de Pessoas alinhada aos objetivos organizacionais.

Ampliação do Conceito de Competências

| Técnica | Comportamental | Resultados | Complexidade (Responsabilidades) |

Entrega do Colaborador
CDC – Coeficiente de Desempenho do Colaborador

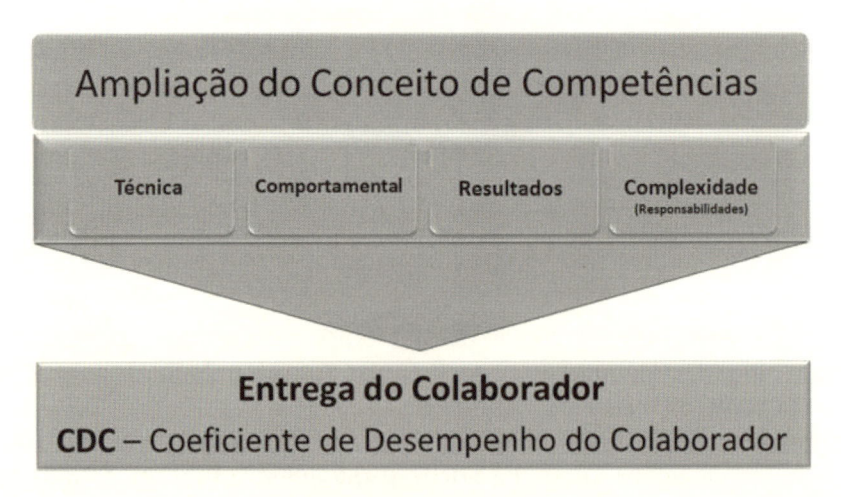

Figura 13 – Conceito da entrega: A ampliação do conceito de competências

O conceito de Entrega foi trabalhado no segundo livro de Rogerio Leme, "Avaliação de Desempenho com Foco em Competência", onde foi apresentada a metodologia que leva o título do livro, cuja mensuração do desempenho do colaborador é a composição de quatro perspectivas básicas:

- Competência Técnica
- Competência Comportamental
- Resultados
- Complexidade

4. A Perspectiva Resultados e o Alinhamento com a Estratégia Organizacional

As duas primeiras perspectivas do modelo têm origem no CHA das competências. A perspectiva Resultados são os resultados, as metas e os objetivos traçados para o colaborador.

A importância desta perspectiva em compor a Avaliação de Desempenho com Foco em Competências se justifica pelo fato de que não adianta um colaborador ter competência técnica e comportamental, mas, não gerar resultados.

Então, avaliação de desempenho não seriam exclusivamente resultados? Há tempos, poderíamos até dizer que sim, porém a demanda do mundo e da gestão contemporânea não nos permite mais esta leitura, pois, ela pode passar a seguinte mensagem equivocada aos colaboradores: "desempenho é resultado, portanto, atinja o resultado a qualquer custo, mesmo passando por cima de tudo e de todos, inclusive dos valores organizacionais!". Será que é isso que queremos? Se a resposta for sim, então, jogue fora este e qualquer outro livro de gestão por competências, aliás, esqueça, por favor, esse tema e aquele jargão que "o maior capital de uma empresa é o seu capital humano".

Portanto, os resultados são fundamentais para a existência de uma empresa, porém a maneira com que estes resultados são conquistados também devem compor o desempenho. Mais um ponto para a justificativa do nome da metodologia: Avaliação de Desempenho, porém, com foco em Competências.

Outra questão importante desta perspectiva é que ela representa o elo que integra Gestão de Pessoas e a Estratégia Empresarial. Na prática, a estratégia empresarial, independentemente da metodologia que for elaborada, mas considerando um exemplo de um BSC – *Balanced Sco-*

recard, tem o desdobramento em Fatores Críticos de Sucesso, Objetivos Estratégicos, Metas e Planos de Ação.

De maneira geral, os Objetivos Estratégicos compõem a perspectiva Resultados de presidentes e diretores. As Metas do Planejamento são as que irão compor a perspectiva Resultados dos gerentes, enquanto que os Planos de Ação compõem a perspectiva Resultados dos colaboradores.

5. A Perspectiva Complexidade

Para provocar um novo olhar com o objetivo de completar o conceito da Avaliação de Desempenho com Foco em Competências, considere um colaborador que seja ótimo tecnicamente e na parte comportamental e, ainda, que tenha atingido todas as metas que foram traçadas para ele.

Entretanto, embora este colaborador tenha obtido tal êxito, considere que ele tenha deixado de realizar alguma das suas atribuições que são de sua responsabilidade e que estão registradas no documento chamado Descrição de Função.

A pergunta é: podemos afirmar que o colaborador do exemplo teve um desempenho de 100%? Claro que não, afinal ele não cumpriu com perfeição algo acordado que ele deveria fazer.

Portanto, a perspectiva Complexidade tem como objetivo avaliar a qualidade que o colaborador realiza suas atribuições, pois elas refletem na sua ENTREGA em relação às expectativas do desempenho da função que o colaborador ocupa.

Provavelmente, o amigo leitor esteja pensando: "mas isso já não estaria apurado na perspectiva Resultados?" A resposta é "não obrigatoriamente".

Toda meta é oriunda de uma atribuição, mas não são todas as atribuições que geram, obrigatoriamente, uma meta.

A maneira de termos informações para o melhor diagnóstico e proporcionar um *feedback* efetivo é fazer o cruzamento das quatro perspectivas que compõem a Entrega do colaborador, de acordo com a metodologia proposta.

6. A Mensuração do Coeficiente de Desempenho do Colaborador

A Avaliação de Desempenho com Foco em Competências não é uma única avaliação. Ela é composta de três avaliações – Competências Técnicas, Competências Comportamentais e Avaliação das Responsabilidades que compõem a perspectiva Complexidade – e de uma apuração de Resultados – que são as metas que o colaborador deve atingir.

Portanto, o Coeficiente de Desempenho do Colaborador – CDC – é uma média do resultado obtido pelo colaborador em cada uma das perspectivas. Veja o exemplo:

Perspectiva	Percentual de Desempenho da Perspectiva
Técnica	73%
Comportamental	87%
Resultados	90%
Complexidade	80%
Soma dos Percentuais	330
Quantidade de Perspectivas	4
CDC	82,5%

Tabela 16 – Cálculo do CDC por média simples

O cálculo acima demonstra que o colaborador do exemplo teve um desempenho pelo Conceito da Entrega de 82,5%.

A análise do CDC tem como objetivo mensurar o quanto o colaborador está entregando e em qual perspectiva ele tem a necessidade de ser desenvolvido.

Entretanto, é possível fazer uma ponderação no cálculo do CDC dos colaboradores. Tal possibilidade se justifica pelo fato de que os colaboradores executam funções diferentes e a expectativa de desempenho de um colaborador em determinada função pode requerer mais de uma perspectiva em relação à outra.

Por exemplo, um colaborador que realiza atendimento ao cliente, a perspectiva comportamental pode ser mais relevante para compor o desempenho do que para um colaborador que realiza cálculos estatísticos ou que trabalha na contabilidade.

Essa ponderação entre as perspectivas deve ser previamente estabelecida e comunicada para os colaboradores.

Veja um exemplo de ponderação e como ficaria o CDC do exemplo anterior com a utilização da seguinte ponderação de acordo com o nível hierárquico.

Funções	Técnica	Comportamental	Resultados	Complexidade
Diretores	10%	30%	30%	30%
Gerentes	20%	30%	30%	20%
Colaboradores	30%	30%	20%	20%

Tabela 17 – Exemplo de Ponderação para Cálculo do CDC por nível hierárquico

Perspectiva	Percentual de Desempenho da Perspectiva	Ponderação (referência Diretor)	Pontos
Técnica	73%	10%	7,3
Comportamental	87%	30%	26,1
Resultados	90%	30%	27,0
Complexidade	80%	30%	24,0
Soma dos Pontos			84,4
CDC			84,4%

Tabela 18 – Cálculo do CDC por média ponderada

Essas quatro perspectivas, então, compõem o Coeficiente de Desempenho do Colaborador, o CDC, que mensura a efetiva Entrega do colaborador para a organização, ou seja, suas competências, mas, agora, no sentido amplo e não limitado apenas ao CHA.

7. Integrando a Avaliação de Desempenho e Competências com o PCS por Meio do CDC e o Conceito de Entrega do Colaborador

Não há como definir critérios justos, claros, que permitam que o quadro de pessoal tenha uma boa percepção da política da empresa, que esta possua um sistema de gestão de pessoas adequado ao seu negócio, bem como atenda a legislação trabalhista, sem ter um bom sistema de avaliação de desempenho.

Quando se fala em todas essas necessidades, a solução é ter um Plano de Cargos e Salários e o Sistema de Gestão por Competências e de Avaliação de Desempenho integrados.

E quem faz esta integração? De acordo com a metodologia apresentada acima, é o Coeficiente de Desempenho do Colaborador, o CDC.

O CDC resolve uma série de problemas com a gestão do PCS, justamente por termos várias possibilidades de utilizá-lo para remuneração.

Podemos, por exemplo, estabelecer na política um valor mínimo de CDC para ter evolução salarial, e ainda, dizer que o colaborador pode ter diferentes percentuais de evolução por mérito, de acordo com seu CDC.

Observemos a tabela salarial (parcial sintética) abaixo, a qual, elaborada para uma empresa grande de economia mista, prevê poucos cargos e muitas funções. A política permite que o ocupante de um cargo transite em várias funções de mesma natureza e nível de complexidade, sem caracterizar desvio de função e respeitando o concurso público e a legislação. Prevê também que, se o colaborador desenvolver novas competências e tiver bom desempenho, pode ter aumentos salariais de 1,5% anualmente. Se o desempenho for muito acima do normal, pode ter até 6%. Esta política permite a formação de competências, a motivação interna e consequente retenção.

CARREIRA	CARGO	FUNÇÃO	ÁREA	FAIXA SALARIAL	NÍVEL	STEPS (1,5% ENTRE OS STEPS)		
						Salário Inicial	Ponto Médio	Salário Final
ENSINO TÉCNICO	TÉCNICO	BANDA LARGA	EIM	II	JR-JUNIOR	1.644	1.798	2.025
		COMUTAÇÃO	EPE					
		CONTÁBIL	FCF					
		DADOS	EIM					
		ELR'S - ANALISE E DESIGNAÇÃO	EIM		PL-PLENO	2.056	2.316	2.648
		ELR'S - DISTRIBUIDOR GERAL	EIM					
		ENERGIA E CLIMATIZAÇÃO	EIM		SR-SENIOR	2.687	3.073	3.566
		GERENCIAMENTO DE REDE	EGR					
		LINHAS DE ACESSO	EIM					
		PERFORMANCE	EGR					
		PLANEJAMENTO DE REDES	EPE					
		PLANEJAMENTO DE REDES MÓVEIS	EPE					
		PLANEJAMENTO TRANSMISSÃO DE DADOS	EPE					
		SEGURANÇA DO TRABALHO	AGP					
		SEGURANÇA PATRIMONIAL	ASI					
		TI	ETI					
		TRÁFEGO IP E TX	EGR					
		TRANSMISSÃO	EIM					

Figura 14 – Tabela Salarial

Outra forma é enquadrar o colaborador percentualmente na faixa, de acordo com a proporção atingida na avaliação. Podemos, por exemplo, dizer que teria direito a 80% do valor do salário do mercado ajustado.

Poderemos também utilizar esse Coeficiente para o Programa de Participação nos Resultados, ou como critério de desempate para seleção interna, para concessão de benefícios etc.

Esse é um assunto longo, tanto que prevemos preparar outro livro falando especificamente sobre Remuneração Estratégica.

Para evitar altos e baixos no desempenho, pode-se considerar o CDC na média dos dois últimos anos avaliados.

Capítulo IV

Plano de Cargos, Carreiras e Salários para Órgãos Públicos

Muitos consultores têm resistência a trabalhar com órgãos públicos, dado à burocracia do processo de licitação, dificuldade de executar e finalizar os projetos e a questão de caixa.

Os desafios são bem diferentes. Também já fizemos parte desse grupo, mas hoje consideramos importantíssimo dar nossa contribuição para a melhoria dos padrões de gestão de pessoas dos órgãos públicos. O resultado é que aprendemos muito com os desafios, erros e acertos.

Na nossa visão, os maiores desafios da gestão de pessoas no setor público são:

- A <u>troca de comando</u> a cada período eleitoral, com as diferentes vertentes e ideologias. Todo um secretariado, ou diretoria, chefia, cargos de confiança são substituídos. Se a ideologia partidária for diferente, pode mudar a orientação para projetos também. Se o novo mandatário for de outro partido, pode acontecer que o que foi feito anteriormente não serve mais. Se um projeto estava concentrado nos gestores, e estes forem substituídos, perde-se o investimento. Como alguns não são escolhidos com critérios técnicos, não entendendo dos processos de trabalho e às vezes baixo interesse em aprender, não gera o comprometimento necessário.
- A <u>estabilidade e falta de avaliação</u> mais rigorosa daqueles que não dão a contribuição esperada gera desmotivação nos demais. "Tanto faz ter um bom desempenho, se esforçar para atingir os resultados, no final do mês o salário é o mesmo...", é uma das coisas que se ouve. Já vimos situação de avaliações serem feitas por comissões em que o servidor é quem escolhe

os avaliadores. E realmente, os programas de avaliação de desempenho que temos visto na área pública, sem generalizar, são mais para justificar aumento do que realmente para avaliar.

Uma consultoria que faça um bom diagnóstico pode contribuir muito para a melhoria. Geralmente, os Planos de Cargos e Salários viram projeto de lei.

Em tese, a metodologia para elaborar um PCS num órgão público poderia ser a mesma que se faz numa empresa privada. Por falta de critério de avaliação de cargo e dificuldades com o concurso público, geralmente os cargos são valorizados somente de acordo com a formação. E isto pode ser mudado. O que se vê geralmente é:

- poucos cargos, muita disfunção, isto é, pessoas trabalhando em atividades que não são a do seu cargo, gerando problemas legais trabalhistas;
- uma padronização de salários para cargos de nível superior;
- critérios de tempo de serviço para aumento de salário, também chamada de promoção horizontal;
- uma infinidade de adicionais, gratificações, para poder reter servidores.

Isto tudo devido à dificuldade de se avaliar as pessoas e geralmente falta de comprometimento das chefias nos processos.

Um detalhe importante é que alguém que hoje é um chefe, num outro mandato pode ser um subordinado da pessoa a quem dava ordens. Isso gera um processo de "compadrismo", algo como: "não vou avaliá-lo mal, porque senão, se ele for meu chefe um dia, vai querer dar o troco e eu posso ser prejudicado." O maior prejudicado na realidade é o contribuinte.

Outro detalhe é, sem generalizar, o excesso de funcionários.

Mas já se veem casos de políticos executivos que querem melhorar resultados, criando critérios de meritocracia e reconhecimento.

Alguns podem achar utopia, mas existe um caminho que se pode trilhar para modificar o quadro. É necessário pensar no longo prazo:

1. Elaborar o PCCR nos moldes em que é feito o das empresas privadas, com um modelo de competências e avaliação de desempenho com múltiplos avaliadores;
2. Estabelecer nos concursos avaliação de competências também, pois a partir de dezembro de 2010, a lei permite avaliação psicológica;

3. Implementar verdadeiramente a avaliação de desempenho no período de estágio probatório. É raro um caso de reprovação, quase ninguém conhece;
4. Todo órgão da administração pública, seja um Ministério, uma Secretaria de Governo Estadual, uma Prefeitura, ter metas de governo. Como exemplo, uma Prefeitura pode ter perfeitamente metas de Educação, de Saneamento, de Saúde Pública, de obras etc. Já temos exemplos de estados e prefeituras que adotam este procedimento. O CNJ – Conselho Nacional de Justiça é um excelente exemplo que vem ajudando a transformar para melhor o Judiciário;
5. Ter a evolução salarial dos funcionários das diversas áreas, condicionadas ao atingimento da meta de arrecadação ou orçamento, à de despesas gerais e às metas específicas da área em que o servidor trabalha. Vê-se um desperdício muito grande, isto ajudaria sobremaneira a evitá-lo;
6. O Quadro de Pessoal, ou Quadro de Lotação ou Quadro de Vagas, ser determinado em função de um estudo de cada área, dos processos e volume de trabalho, fixado em lei ou regulamento;
7. Um percentual do quadro de chefias ser preenchido, com força de lei, por servidores do quadro permanente, criando um Quadro de Gestores da Escola de Administração Pública para que não se perca os investimentos feitos, ter continuidade e manter um registro histórico, independente do partido que está no comando;
8. Investimento em formação de lideranças e gestão no quadro permanente, para que, quando houver troca de governo, os novos governantes possam designar pessoas preparadas. O governo pode oferecer a formação, os servidores se candidatarem e ter um cadastro dos que possuem a formação, sem alteração de cargo / função. A designação de função de confiança é critério da Administração;
9. Criar a carreira de Gestão / Gestores;
10. As avaliações de desempenho individuais serem elaboradas com critérios mais objetivos, os avaliadores melhor preparados, participando da avaliação os clientes internos dos processos;
11. Formação de cadastro com histórico das avaliações, de forma a permitir ter clareza dos processos de avaliação, a influência dos avaliadores e identificação dos talentos;

12. Participação, quando possível, da comunidade ou clientes para avaliar a qualidade da administração e identificar pontos de melhoria, que seriam utilizados para traçar as metas da gestão.

Estas são as propostas macro para melhorar os grandes problemas.

Sabe-se também que, numa empresa privada, uma pessoa pode entrar como *Office Boy* ou *Trainee* e sair como Diretor, desde que estude, faça curso superior, atinja resultados, se aprimore no processo de relacionamento, liderança etc. No órgão público não é bem assim. Uma pessoa que tenha feito um concurso público para um cargo de nível médio, para passar a um cargo de nível superior tem que prestar outro concurso público. E não está errado. A lei foi criada para evitar protecionismos, pois houve época em que um indivíduo, por exemplo, fazia concurso para Motorista e depois de um curto prazo era promovido a Dentista, ou Advogado, sua área de formação.

Entretanto, pode-se melhorar muito esse quadro. Na execução do PCS, uma solução para reduzir as disfunções, criar motivação para a carreira principalmente dos bons servidores, seria criar o conceito de cargo amplo e muitas funções que o cargo pode ocupar. Digamos que o cargo seja Agente Administrativo, ou um título similar. Geralmente, a complexidade das atribuições desse cargo, em qualquer área que atue, é a mesma: prestar atendimento para público interno ou externo, digitar dados, documentos, lançamentos, elaborar planilhas, fazer pesquisas de baixa complexidade, controlar dados ou materiais.

Pode-se criar uma lista de funções que este cargo pode executar, em diferentes áreas, e o texto da lei que regulamenta o PCCS constar que pode haver movimentação no mesmo cargo, em diferentes funções, as quais serão estudadas previamente quanto à complexidade.

Pode-se também incentivar o estudo de nível superior, dando um pequeno percentual de adicional de curso universitário. O que ocorre na prática é que as pessoas que não querem se acomodar acabam fazendo curso superior e pela capacidade, são levadas a elaborar atividades de nível superior, criando a disfunção e riscos trabalhistas. Isto realmente não é possível.

Outro absurdo que observamos é de cargos cuja atividade se tornam obsoletas pela mudança da tecnologia. Exemplo: datilógrafo, ou um cargo que conserta máquinas de datilografia. Pela evolução, um datilógrafo passaria naturalmente a Digitador; alguém que dava manutenção em máquina de datilografia ser preparado para trabalhar com computador. Mas na prática, o que já observamos é que o poder público não atualiza a atividade, a pessoa pode se recusar a querer fazer o que lhe determinam porque a lei a protege. E fica o que se chama "encostada", sem atividade, o contribuinte pagando seus salários. Isto pode ser resolvido no texto da lei, observando que é obrigação dos gestores atualizarem os processos, bem como o servidor não poder se recusar a receber cursos e se atualizar em relação à função.

Outra importante questão é trabalhar com o conceito de Remuneração e não somente salários. Porque o que vemos são reclamações de salários baixos e, às vezes, até greves, mas os governantes até por pressão sindical têm atuado em conceder adicionais e gratificações que muitas vezes ultrapassam os salários. Deveria haver limite no estabelecimento da REMUNERAÇÃO.

As pesquisas salariais entre órgãos públicos deveriam enfatizar tudo o que o servidor recebe para poder comparar, não somente o salário.

Cargos de Gestão – Gratificação de Função

Em geral, as gratificações de função para cargos de confiança ou gestores somente são praticadas nos órgãos públicos e empresas estatais, mas existem empresas privadas que as praticam, muitas vezes influenciadas por algum gestor que veio da área pública ou advogado que tem a sua interpretação.

Nossa legislação é arcaica. Estipula 40% do salário como valor para essa gratificação. Na prática, pouquíssimas empresas ou órgãos públicos adotam esse percentual. Isto porque, imaginemos alguém que percebe essa gratificação por muito tempo: muda seu padrão de vida, moradia, hábitos, escola dos filhos etc., e repentinamente deixa de perceber porque mudou a política. O impacto na sua vida com a perda é muito grande. Geralmente encontra-se uma forma de amenizar a questão, com artifícios.

O pagamento da gratificação não eliminaria, por exemplo, o risco de reivindicação de horas extras.

Em geral, nas empresas privadas, sugerimos suprimir essa gratificação, pagando salários para gerentes de acordo com o mercado. Entretanto, isto muda a visão, pois "gerentes que não dão certo devem ser promovidos para o mercado" (forma delicada de dizer que devem ser demitidos). E não, como é praxe, voltar para a função que ocupavam anteriormente.

Por falta da estabilidade nas estatais, as pessoas criam barreiras e continuam as funções de confiança com gratificação.

Permanece um problema nas que têm um valor fixo ou percentual baixo em relação ao salário, pois não é atrativo para um servidor de carreira com muitos anos de serviço e bom salário assumir conflitos com os colegas por baixa remuneração. Então, propomos que o valor da gratificação seja a diferença entre o valor do mercado do cargo gerencial e o valor do salário do indivíduo mais vantagens. Desta forma também compensa-se o servidor novo em cargo de gerência que ainda ganha pouco e às vezes até tem um desempenho melhor que o antigo.

Há muito que ser feito e dificilmente se conseguirá acertar todas estas questões de uma única vez. Entretanto, é preciso dar os primeiros passos. Esse é o desafio. Essa é a nossa missão.

ANEXO I

O INVENTÁRIO COMPORTAMENTAL PARA MAPEAMENTO DE COMPETÊNCIAS

Este é um resumo da Metodologia do Inventário Comportamental para Mapeamento de Competências. Ela permite a identificação das competências comportamentais necessárias para que a empresa possa agir alinhada à Missão, Visão e Valores através da condução de uma atividade onde os próprios colaboradores identificam as competências da organização, de forma simples, rápida e participativa.

Faço o convite àqueles que se identificarem com o resumo desta Metodologia para lerem o livro "Aplicação Prática de Gestão de Pessoas" do autor Rogerio Leme, publicado por esta mesma editora.

As competências identificadas servem como base e sustentação para todo o processo de Gestão por Competências de forma sólida, pois trabalha com a redução da subjetividade e têm comprovação matemática.

CARACTERÍSTICAS DO INVENTÁRIO COMPORTAMENTAL

- É baseado no conceito de Indicadores de Competências, o que não requer que os colaboradores tenham conhecimentos teóricos sobre competências;
- Utiliza os recursos da própria empresa, pois a implantação pode ser realizada pelo próprio RH das empresas e o levantamento dos indicadores é realizado diretamente com os colaboradores, o que valoriza o papel de cada um na organização e caracteriza o processo por um método Construtivo e Participativo;
- Comprovado Matematicamente: o Inventário Comportamental possui respaldo matemático para cálculo do NFC – Nível de Competências da Função, do NCC – Nível de Competências

do Colaborador e do NCE – Nível de Competências do Entrevistado (candidato), eliminando a subjetividade do processo tradicional de mapeamento de Competências. De acordo com pesquisas na literatura, o Inventário Comportamental é a única metodologia comprovada matematicamente;
- Redução do tempo de Mapeamento e Avaliação das Competências Comportamentais, o que significa redução de custos no processo de mapeamento, permitindo que sejam transferidos os recursos de investimentos do mapeamento e avaliação para o treinamento e desenvolvimento dos colaboradores;
- Aumento da assertividade, pois trabalha com indicadores construídos pela própria organização;
- Avaliações com Foco em Competências Comportamentais construídas de forma precisa e objetiva, aumentando a eficiência do processo;
- Implantação rápida, simples e em linguagem acessível, para que todos da organização entendam;
- Identificação das questões a serem aplicadas à Avaliação com Foco em Competências, da Autoavaliação até a 360º;
- Base consistente para desenvolver os colaboradores de forma objetiva e precisa;
- Base para elaborar as questões a serem aplicadas na Entrevista Comportamental para Seleção por Competências;
- Aplicável em empresas de qualquer porte, segmento ou número de colaboradores.

A METODOLOGIA

A metodologia tradicional de mapeamento de competências gera, logo de início, uma grande dificuldade para os colaboradores, pois ela exige que eles falem em competências como: flexibilidade, criatividade, foco em resultado, visão sistêmica etc.

Essa não é a linguagem do dia a dia da organização e oferece uma grande dificuldade para a compreensão e implantação da Gestão por Competências.

A proposta do Inventário Comportamental é trabalhar com os Indicadores de Competências Comportamentais, que são os comportamentos que podem ser observados nas pessoas.

As pessoas apresentam a todo momento indicadores de Competências Comportamentais por meio de seus comportamentos diários. É fato também que nem sempre esses comportamentos são adequados, sendo que alguns precisam ser melhorados, outros desenvolvidos e outros até "implantados", por ainda não terem esses comportamentos.

O papel do Inventário Comportamental é identificar quais são esses comportamentos, os bons, os ruins e os quais precisam ser "implantados / desenvolvidos" nos colaboradores.

O desafio é falar em competências sem usar a linguagem das competências e principalmente, extrair dos colaboradores esses indicadores. Eles têm a resposta precisa para a solução desse impasse, pois melhor do que ninguém, eles vivem a realidade da empresa diariamente.

E o que pode ser mais real e consistente que um comportamento que pode ser observado para definir um Indicador de Competência Comportamental?

Assim, o Inventário Comportamental traz a definição que "o comportamento observável é o Indicador de Competência Comportamental".

Definição do Inventário Comportamental

O Inventário Comportamental para Mapeamento de Competências é uma lista de Indicadores de Competências que traduz a conduta do Comportamento Ideal desejado e necessário para que a Organização possa agir alinhada à Missão, Visão, Valores e à Estratégia da Organização.

A construção do Inventário Comportamental

Vamos partir do princípio que todo o processo de sensibilização da organização para a implantação de Gestão por Competências tenha sido executado.

O primeiro objetivo é encontrarmos as competências organizacionais. Existem muitas formas para fazer referência às competências de uma empresa, como competências essenciais, diferenciais, *core competence*, competências do negócio etc. O objetivo, nesse momento, é encontrar todas as competências que são necessárias para a organização, independente de serem essenciais ou qualquer qualificação que possa ser dada.

Geralmente, uma empresa deve ter de 8 a 15 competências (incluindo todas as competências). Mais do que isso é inviável ser trabalhado. Algumas metodologias profissionais ou empresas dizem que conduzem processos com mais de 30 competências. Isso não é prático e é subjetivo, pois chega um momento que fica difícil dizer qual a diferença do trabalho em equipe e cooperação, por exemplo.

Como mencionado anteriormente, não iremos trabalhar com os títulos da competência, pois essa não é nossa linguagem do dia a dia. Costumamos usar o seguinte exemplo para ilustrar essa afirmação: quando passa uma pessoa por nós, não dizemos ou pensamos "nossa, que pessoa com Foco em Resultados", mas somos capazes de observar os comportamentos que essa pessoa tem que nos levam à conclusão que ela tem a competência Foco em Resultados.

Portanto, para alcançar o primeiro objetivo, a identificação das competências organizacionais, vamos escolher uma amostra de colaboradores de todas as funções, desde a mais simples até o diretor ou presidente da empresa, dependendo da estrutura organizacional.

Por exemplo, se uma função possuir 30 colaboradores, escolha de 6 a 8 colaboradores dessa função. Caso haja uma função exercida por 2 ou 3 colaboradores, podem ser escolhidos todos eles.

Não existe um percentual exato para se escolher, apenas saiba que quanto maior o número de colaboradores na mesma função, percentualmente esse número é menor. O importante é ter "colaboradores-representantes" de cada uma das funções da organização.

Esses colaboradores serão colocados em uma sala (pode haver diversas turmas, de acordo com a capacidade da sala). Deve ser feita uma categórica exposição e sensibilização da Missão, Visão, Valores da empresa, da responsabilidade e parcela de contribuição de cada colaborador, o papel do gestor na condução das pessoas para os objetivos organizacionais e explicação do que é Gestão por Competências e como ela contribui para esses objetivos.

Após essa sensibilização, é dada a notícia que os colaboradores presentes ajudarão na construção da Gestão por Competências, por meio de uma atividade de observação, chamada "Gosto / Não Gosto / O Ideal Seria".

Após toda a explicação do processo será entregue uma folha com três colunas. As colunas terão os títulos "Gosto", "Não Gosto" e "O Ideal Seria", respectivamente.

Gosto	Não Gosto	O Ideal Seria

Figura 15: Formulário de coleta do Inventário Comportamental

Os colaboradores serão orientados a pensarem em cada pessoa com as quais eles se relacionam na organização: subordinados, superiores ou pares, clientes ou fornecedores internos. Ao pensar na primeira pessoa, o colaborador deve anotar na coluna "Gosto" os comportamentos dessa pessoa que são admirados por ele e que contribuem para a organização.

Dessa mesma pessoa, porém na coluna "Não Gosto", devem ser registrados os comportamentos que o colaborador julgue que não sejam adequados, e na última coluna, "O Ideal Seria", quais os comportamentos que precisam ser "desenvolvidos" nesse colaborador para que a organização atinja o MVVE – Missão, Visão, Valores e Estratégia da Empresa.

As colunas "Gosto" e "Não Gosto" traduzem os comportamentos que serão transformados em competências do hoje, enquanto a coluna "O Ideal Seria" traduz os comportamentos necessários para que a empresa possa atingir o amanhã, dado pela Visão.

Orientações para a aplicação do "Gosto / Não Gosto / O Ideal Seria"

- Sensibilizar e destacar MVVE – Missão, Visão, Valores e Estratégia da Empresa;
- Não há limites de comportamentos a serem registrados;
- Cada colaborador recebe uma única folha de Coleta;
- A reflexão deve ser feita sobre todas as pessoas com as quais o colaborador se relaciona, registrando todas as frases na mesma folha;
- Não identificar quem está respondendo e de quem é o comportamento;
- Não é necessário escrever novamente um comportamento caso já esteja relacionado.

A contribuição dos colaboradores termina aqui. Temos em mãos diversas folhas com todos os indicadores de comportamento que a organização precisa segundo a visão da própria organização, desde a função mais simples até a visão de futuro, representada nos indicadores gerados pelos gerentes, diretores e presidente.

Diferente da metodologia tradicional que parte da análise do colaborador com *Top Performance* (melhor desempenho), o Inventário Comportamental consegue atingir **todos** os colaboradores, por meio do registro das observações dos colaboradores participantes da coleta, pois mesmo que um colaborador não esteja ali, certamente ele foi observado. Além disso, a estrita observação do colaborador de *Top Performance*, pode não traduzir o perfil ideal para o amanhã, dada pela Visão da empresa.

Assim, pela atividade da coleta temos os indicadores bons (coluna "Gosto"), os ruins (coluna "Não Gosto") e os que precisam ser "implantados / desenvolvidos" (coluna "O Ideal Seria"). Por exemplo:

Gosto	Não Gosto	O Ideal Seria
- Soluciona de forma rápida os problemas do cliente. - Traz soluções criativas para os problemas que parecem difíceis de resolver ...	- Não é cortês com os colegas de trabalho. - Não sabe ouvir os feedbacks. ...	- Que fosse objetivo ao expor suas ideias. - Que confraternizasse os resultados obtidos. ...

Figura 16 – Exemplo coleta do Inventário Comportamental

O próximo passo é consolidar esses indicadores, transformando-os:
- No infinitivo;
- No sentido ideal para a organização;
- De forma afirmativa;
- Eliminando os duplicados ou de mesmo sentido.

De acordo com o exemplo acima, temos os seguintes indicadores consolidados:

- Solucionar de forma rápida os problemas do cliente;
- Trazer soluções criativas para os problemas que parecem difíceis de resolver;
- Ser cortês com os colegas de trabalho;
- Saber ouvir os *feedbacks*;
- Ser objetivo ao expor suas ideias;
- Confraternizar os resultados obtidos.

Esses são os indicadores que a organização precisa e que deve buscar em seus colaboradores. Agora, utilizando uma lista de competências, como as disponíveis na literatura, basta associar cada indicador a uma competência. No exemplo teríamos:

Indicador de Comportamento Apurado	Competência Associada
Solucionar de forma rápida os problemas do cliente.	Foco no Cliente
Trazer soluções criativas para os problemas que parecem difíceis de resolver.	Criatividade
Ser cortês com os colegas de trabalho.	Relacionamento Interpessoal
Saber ouvir os feedbacks.	Relacionamento Interpessoal
Ser objetivo ao expor suas ideias.	Comunicação
Confraternizar os resultados obtidos.	Liderança

... e assim para cada indicador apurado.

O resultado dessa apuração será uma lista de Competências e cada uma com uma quantidade diferente de indicadores, por exemplo:

Competência	Total de Indicadores Apurados
Liderança	8
Foco em Resultados	10
Criatividade	7
Foco no Cliente	4
Organização	9
Empreendedorismo	4
Organização	5
Comunicação	8

Tabela 19 – Lista de Competências e quantitativo de indicadores

Competências Organizacionais

As competências encontradas a partir da consolidação do "Gosto / Não Gosto / O Ideal Seria" são as **Competências Organizacionais**, que foram visualizadas naturalmente, diferentemente da metodologia tradicional, que tem uma linha de dedução e subjetiva.

Após essa consolidação, um comitê estratégico deve fazer a validação dos indicadores e, por consequência, das competências.

A metodologia do Inventário Comportamental não exige que cada competência tenha aquela frase tradicional com um significado ou conceito do que é a competência para a empresa, pois temos algo muito mais preciso do que a frase, que são os indicadores de comportamento.

Se você desejar utilizar a frase, basta fazer sua composição, tendo como base os indicadores que traduzem o que significa a competência para a empresa.

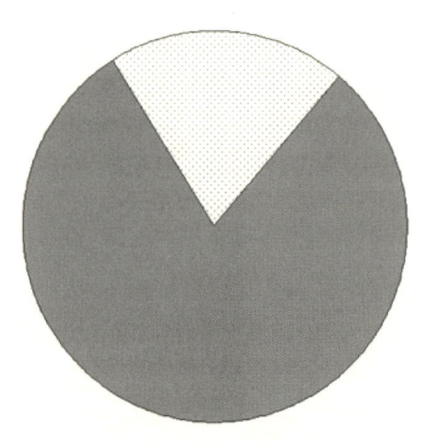

Figura 17 – O Inventário Comportamental visualiza o significado da Competência para a empresa

Quando falamos simplesmente no título de uma competência temos um universo representado pela circunferência completa da figura acima. É a Amplitude do conceito da Competência. Com o Inventário Comportamental temos a identificação precisa de qual o significado da competência para a Organização (a parte mais clara do círculo), por meio dos seus indicadores, que são, de fato, os comportamentos necessários para que a empresa possa cumprir sua Missão e Visão.

Início do Processo Matemático

Como cada competência possui uma quantidade de indicadores, o peso de cada indicador pode ser calculado de acordo com a fórmula:

$$\text{Peso Indicador} = \frac{\text{Nível Máximo da Escala}}{\text{Quantidade de Indicadores da Competência}}$$

Onde o Nível Máximo da Escala é fixo de acordo com a escala utilizada. Por exemplo, em uma escala de 0 a 5, o Nível Máximo será sempre 5.

Assim, na Competência Liderança do exemplo acima, como ela possui 8 indicadores, cada indicador vale 0,625, enquanto a competência Organização, que tem 5 indicadores, cada um deles vale 1 ponto.

Competências de Cada Função

O próximo passo é identificar o "quanto" dessas Competências cada função precisa. São as Competências da Função.

Para cada função deve ser gerada uma lista com todos os indicadores apurados, sem mencionar as competências, apenas os indicadores. Essa lista é entregue para o superior da função que juntamente com um representante da função irão determinar a necessidade desses comportamentos para a função, classificando-os como: "Muito Forte", "Forte", "Pouco Necessário", "Não se Aplica". É a construção do Perfil Comportamental ideal. Veja o exemplo:

Planilha de Mapeamento de Comportamentos Função:				
Comportamento	Muito Forte	Forte	Pouco Necessário	Não se Aplica
Criar Estratégias que conquistem o cliente	X			
Trazer ideias para desenvolver os produtos já existentes				X
Trazer soluções criativas para os problemas que parecem difíceis de resolver		X		
Apresentar alternativas para melhor aproveitar os recursos orçamentários			X	
...	...	...	...	...

Figura 18 – Formulário de Mapeamento de Comportamentos da função

Os comportamentos classificados como "Pouco Necessário" e "Não se Aplica" serão desprezados. Outras funções poderão utilizá-lo. Assim, aqueles marcados como "Muito Forte" e "Forte" são os comportamentos necessários para a função. Para cada competência aplica-se a fórmula do **NCF – Nível de Competência para Função**.

NCF – Nível de Competência para Função

$$NCF = \frac{\text{Nível Máximo da Escala}}{\text{Quantidade de Indicadores da Competência}} \times \text{Qtde. de Indicadores Marcados como "Muito Forte" ou "Forte" para a função}$$

Por exemplo, considerando a competência Liderança com 8 indicadores e que para uma determinada função, 4 desses indicadores tenham sido marcados como "Muito Forte" ou "Forte", aplicando a fórmula do NCF temos:

$$NCF = \frac{5}{8} \times 4 = 2,5$$

Ou seja, a função em questão precisará de Liderança nível 2,5.

Esse nível é importante, pois, será a representação gráfica que faremos da necessidade da competência para a função, mas, o Inventário Comportamental oferece mais do que isso, traduzindo o que esses 2,5 representam, que são os indicadores marcados como "Muito Forte" ou "Forte". São esses indicadores (comportamentos) que os colaboradores desta função precisam ter. São esses indicadores que devem ser procurados nos candidatos no processo de Seleção por Competência, de forma clara e objetiva.

Competências de Cada Colaborador

Para determinar o **NCC – Nível de Competência do Colaborador** aplica-se a Avaliação Comportamental com Foco em Competências, que pode ser a Autoavaliação, 90°, 180° ou 360°.

Novamente o Inventário Comportamental é utilizado, pois basta transformar os indicadores apurados nas perguntas da avaliação, tabulando a resposta em uma escala onde o avaliador analisa a frequência com a qual o avaliado apresenta cada um dos comportamentos.

Veja o exemplo:

Avaliado : Avaliador:	Avaliação Comportamental					
	Todas as vezes (100%)	Muitas Vezes (80%)	Com frequência (60%)	Poucas Vezes (40%)	Raramente (20%)	Nunca (0%)
Cria Estratégias que conquistem o cliente?						
Traz ideias para desenvolver os produtos já existentes?						
Traz soluções criativas para os problemas que parecem difíceis de resolver?						
Traz soluções quando faltam recursos para um projeto?						
...	...	...	...	...	...	...

Figura 19 – Formulário de Coleta da Avaliação Comportamental

O cálculo do NCC deve ser feito para cada competência. O exemplo abaixo utiliza uma competência com 8 indicadores, sendo que os indicadores sinalizados com um asterisco são os indicadores necessários para a função que o suposto avaliado exerce, ou seja, que foram marcados como "Muito Forte" ou "Forte".

Opções	Todas as vezes	Muitas Vezes	Com frequência	Poucas Vezes	Raramente	Nunca
Pontos Equivalentes	5	4	3	2	1	0
Indicador 1	X					
Indicador 2		X				
Indicador 3 *		X				
Indicador 4 *				X		
Indicador 5					X	
Indicador 6 *		X				
Indicador 7			X			
Indicador 8 *			X			

Tabela 20 – Tabela de apuração da Avaliação Comportamental

Considerando os indicadores 3, 4, 6 e 8 como necessários para a função, aplicando a fórmula do NCF, encontramos que essa função precisa de nível 2,5, conforme exemplo já apresentado.

O NCC tem duas variações e respectivas fórmulas, que são apresentadas seguidas de sua resolução utilizando as respostas da tabela acima:

NCCo = Nível de Competências do Colaborador em relação à Organização

$$NCCo = \frac{\text{Soma dos pontos da Avaliação de todos os indicadores}}{\text{Quantidade de Indicadores da Competência}}$$

$$NCCo = \frac{28}{8}$$

NCCo = 3,5

NCCf = Nível de Competências do Colaborador em relação à Função

$$NCCf = \frac{\text{Soma dos pontos da Avaliação somente dos indicadores necessários para a função}}{\text{Quantidade de Indicadores da Competência}}$$

$$NCCf = \frac{14}{8}$$

NCCf = 1,75
Portanto temos:

NCF = 2,5
NCCo = 3,5
NCCf = 1,75
Gap em relação ao NCCf = 0,75 (NCF - NCCf)

O NCCf demonstra um *gap* na função que o colaborador exerce, ou seja, se de maneira comportamental ele atende às exigências da função.

O NCCo demonstra o nível de competência do colaborador em relação à organização; é tudo o que o colaborador tem daquela competência. Isso permite constatar se o colaborador é um talento ou ainda se pode ser aproveitado em outra função, pois, muitas vezes encontramos um colaborador com alto potencial em uma competência, porém com *gap* dessa mesma competência em relação à função que exerce.

Entretanto, o mais importante não é dizer que o *gap* do colaborador é de 0,75, mas sim ter a identificação dos indicadores em que ele foi pior avaliado, e sobre eles, fazer efetivamente o *feedback* para Resultados e traçar o plano de treinamento e desenvolvimento específico, o que irá reduzir seu *gap* e aumentar seu potencial, permitindo que a organização trabalhe com a visão de futuro da avaliação, que é desenvolver o colaborador.

Referências Bibliográficas

LEME, Rogerio. *Aplicação Prática de Gestão de Pessoas por Competências*: Mapeamento, Treinamento, Avaliação e Mensuração de Resultados de Treinamento. Rio de Janeiro: Qualitymark, 2005.
_____. *Avaliação de Desempenho com Foco em Competência*: A Base para Remuneração por Competências. Rio de Janeiro: Qualitymark, 2006.
_____. *Seleção e Entrevista por competências*. Rio de Janeiro: Qualitymark, 2007.
_____. *Feedback para Resultados na Gestão por Competências pela Avaliação 360º*: guia prático para Gestores do "dar e receber" feedback e a transformação em resultados. Rio de Janeiro: Qualitymark, 2007.
_____. *Gestão do Desempenho Integrando Avaliação e Competências com o Balanced Scorecard*: integração da gestão do desempenho humano com as estratégias empresariais.
NASCIMENTO, Luiz Paulo; CARVALHO, Antonio Vieira. *Gestão Estratégica de Pessoas:* Sistema, Remuneração e Planejamento. Rio de Janeiro: Qualitymark, 2007.
PASCHOAL, Luiz. *Administração de Cargos e Salários:* Manual Prático e Novas Metodologias. Rio de Janeiro: Qualitymark, 2007.
_____. *Como Gerenciar a Remuneração na sua Empresa*. Rio de Janeiro: Qualitymark, 2006.
PONTES, Benedito R. *Administração de cargos e salários*. São Paulo: LTR, 1993.
SILVA, Mateus de Oliveira. *Sistemas Modernos de Remuneração*. Rio de Janeiro: Qualitymark, 2005.
ZIMPECK, Beverly Glen. *Administração de Salários*.

Sobre os Autores

Romeu Huczok

Administrador, com pós-graduação em Marketing pela FAE Business School, Mestre em Mídia e Conhecimento, Engenharia de Produção pela UFSC/UTFPR.

Foi Gerente ou Diretor de Recursos Humanos nas empresas: Siderúrgica Guaira (Gerdau), SOUZA CRUZ (11 anos), INCEPA, CLIMAX/REFRIPAR (hoje Electrolux), Banco Banorte (hoje Itau/Unibanco). Trabalhou com todos os subsistemas de RH: Planejamento, Desenvolvimento Organizacional, Seleção, Treinamento e Desenvolvimento, Remuneração, Benefícios, Pesquisas e Área Motivacional, Avaliação de Desempenho, O&M, Negociações Sindicais, Segurança, Medicina e Higiene do Trabalho, Ergonomia, aplicação de legislação trabalhista.

Leciona(ou), a convite, disciplinas de RH Estratégico, sistemas de remuneração e gestão por competências em cursos de pós-graduação na PUC-PR, UNICENP, Faculdades Curitiba, Univ. das Cataratas, FESP, UNERJ (Jaraguá do Sul - SC) Faculdade Dom Bosco. Facilitador de cursos de Remuneração, Competências e RH.

Sócio fundador da Huczok Consulting em 1984 (hoje Huczok & Leme, do Grupo AncoraRh), empresa de consultoria que atua na área de recursos humanos – remuneração e gestão por competências. Sócio Diretor da Leme Consultoria.

Mentor do modelo de remuneração estratégica utilizado pela Leme Consultoria.

Coautor dos livros Gestão por Competências no Setor Público e RH, O Novo Mundo do Trabalho.

Sempre teve ativa participação em atividades voluntárias e comunitárias, como Presidente da Associação Brasileira de Recursos Humanos – ABRH-PE, Diretor da ABRH-PR, membro de conselho dessa instituição e da Associação Comercial do Paraná, do Conselho Fiscal da Fundação da UFTPR (ex-CEFET-PR). Na Associação Comercial do Paraná criou a Câmara de Consultoria.

Palestrante dos assuntos ligados à gestão de pessoas ou qualidade de vida.

Algumas empresas privadas para as quais desenvolveu trabalhos como consultor:

Allen Telecom, ALLTECH, ALL/DELARA, AUTOGLASS, Associação Comercial do Paraná, AUDI/VW, CEPEMAR, Colégio Catarinense, COMPAGÁS, ENGEFOTO, Faculdade Evangélica do Paraná, FESP, FINDER, FOXLUX, FUNBEP, Grupo Expoente, INCEPA, PUC-PR, REALH, Rochatop, Santa Casa de Misericórdia de Maceió, SIGMADATASERV, SOFTMARKETING, SPAIPA (Coca-Cola), TECPRON, Terminal de Contêineres de Paranaguá, Terminais Portuários da Ponta do Félix, Unimed Curitiba e Maceió, VOLVO.

Em empresas públicas, ou assim caracterizadas, coordenou ou implementou vários trabalhos de Planejamento Estratégico, Planos de Cargos, Carreiras e Salários, Gestão por Competências ou Gestão do Desempenho, entre as quais: Caixa Econômica Federal, Centro Federal de Educação Tecnológica do Espírito Santo, CETEA, CIASC-Centro de Informática do Estado de Santa Catarina, Cia. de Desenvolvimento de Vitória, COPEL, Federação das Indústrias do Estado do Paraná (SENAI/SESI), Fundação Itaipu, Museu Oscar Niemeyer, Paraná Previdência, Prefeitura Municipal de Biguaçu-SC, Prefeitura Municipal de Maringá-PR, SERCOMTEL, SESI/SENAI do RJ, MG, ES, TECPAR – Instituto de Tecnologia do Paraná, Tribunal de Contas do Estado do Paraná, Tribunal de Contas do Estado de Santa Catarina, Tribunal Regional do Trabalho-PA, Universidade Federal Rural da Amazônia, Universidade Tecnológica Federal do Paraná.

É Presidente da ONG Mãos sem Fronteiras, onde atua como voluntário multiplicador em cursos de técnicas de estimulação neural para saúde e qualidade de vida.

Contatos:
Romeu Huczok
Leme Consultoria
romeu@lemeconsultoria.com.br
www.lemeconsultoria.com.br
(11) 4401-1807

ROGERIO LEME

Rogerio Leme é formado em Engenharia de Produção – Tecnologia Digital, MBA em Gestão de Pessoas pela FGV-SP, empresário, consultor de empresas, autor, palestrante e facilitador de treinamentos.

Especializado em Gestão por Competências, é autor da Metodologia do Inventário Comportamental para Mapeamento de Competências, que utiliza escala comprovada matematicamente para a mensuração de competências comportamentais, reduzindo a subjetividade do processo de mapeamento e avaliação; e da Metodologia da Avaliação de Desempenho com Foco em Competências, que mensura a entrega do colaborador ou servidor para a instituição em um conceito amplo de Competências.

Em conjunto com Paula Falcão, consultora e autora de livros de Jogos Corporativos, é autor da Metodologia do BSC-Participativo, uma metodologia que auxilia na implantação do *Balanced Scorecard*.

Possui os seguintes livros publicados:

- Aplicação Prática de Gestão de Pessoas por Competências;
- Avaliação de Desempenho com Foco em Competência – A base para a Remuneração por Competências;
- Seleção e Entrevista por Competências com o Inventário Comportamental;
- *Feedback* para Resultados na Gestão por Competências pela Avaliação 360º;
- Gestão do Desempenho integrando Avaliação e Competências com o *Balanced Scorecard*, com coautoria de Marcia Vespa;
- T&D e a Mensuração de Resultados e ROI de Treinamento Integrado ao BSC;
- Gestão por Competências no Setor Público, como organizador e autor.

Como consultor e / ou responsável técnico, atuou em diversos projetos em empresas públicas e privadas, entre elas:

Órgãos Públicos: Secretaria do Tesouro Nacional, Caixa Econômica Federal, CETEA, Tribunal Regional do Trabalho-Belém, Tribunal de Contas do Estado-Mato Grosso, SEFAZ-Mato Grosso, Tribunal Regional do Estado-MG, SAEB, Prefeitura de Cuiabá, Tribunal Regional do Trabalho – 20ª Região, Tribunal de Contas do Estado-MT, Tribunal Regional do Estado-BA, Tribunal de Justiça-BA, Tribunal de Justiça-RO.

Empresas privadas: SENAC-SC, Santa Casa de Misericórdia de Maceió, SGD Brasil (Grupo Saint-Gobain), Tintas Coral, Contém 1g, Hospital Aliança, CETEA, Emulzint, SaarGumi, Piramidal, Prosoft, Aon Affinity, Caixa Seguros, Cereser, Dixie Toga, Click Automotiva, Móveis Rudnick, Grupo Petrópolis, Cia Fluminense – Coca-Cola, Facchini, FIERO, Giroflex, Jaraguá Equipamentos, Nissin, Escola Bahiana de Medicina e Saúde Pública, Laboratório Leme, SBP – Sociedade Brasileira de Patologia.

É diretor da Leme Consultoria, especializada em Desenvolvimento Humano e Tecnologia em Gestão de Pessoas. A Leme tem como diferencial, sistematizar os processos de gestão de pessoas e de estratégia empresarial, transformando-as em soluções práticas, inovadoras, acessíveis às empresas. Os projetos têm como apoio os *softwares* desenvolvidos pela consultoria, que proporcionam agilidade, qualidade e efetividade nas implantações em empresas de todos os portes, de origem pública e privada.

É conferencista, palestrante e facilitador de treinamentos abertos e *in company* em todo o Brasil.

Contatos:
Rogerio Leme
Leme Consultoria
rogerio@lemeconsultoria.com.br
www.lemeconsultoria.com.br
(11) 4401-1807

Outros livros de Rogerio Leme

Aplicação Prática de Gestão de Pessoas por Competências

Este livro é o Guia para Gestores de Pessoas e de Recursos Humanos no que se refere à Gestão por Competências. Através de uma metodologia extremamente simples, o Inventário Comportamental para Mapeamento de Competências, o autor apresenta ferramentas práticas, acessíveis e realmente possíveis de serem implementadas, atendendo as seguintes expectativas:

- Mapeamento de Competências;
- Avaliação com Foco em Competências;
- Treinamento com foco em Competências;
- Seleção por Competências.

E ainda, apresenta caminhos concretos para que sejam mensurados e comprovados os Resultados de Treinamentos.

Um dos destaques é a comprovação matemática da metodologia que elimina a subjetividade existente nos processos tradicionais de mapeamento. É a única metodologia comprovada matematicamente disponível na literatura.

Por meio de uma linguagem simples, esta obra atende o interesse e necessidades de Gestores de todos os portes de empresa, sem exceção, servindo também como referência para nível acadêmico.

Aplicação Prática de Gestão por Competências tem uma meta ambiciosa, porém realista: fazer com que o leitor possa realmente implantar Gestão por Competências utilizando os recursos da sua própria empresa.

Avaliação de Desempenho com Foco em Competência – A base para a Remuneração por Competências.

Este livro apresenta uma ampliação do conceito de competência que vai além do tradicional CHA – Conhecimentos, Habilidades, Atitudes – visualizando o que o colaborador efetivamente entrega para a organização. É o conceito de Entrega.

Este conceito é fundamental para que as empresas tenham argumentos precisos para avaliar o Desempenho do Colaborador, mas não como no método tradicional de avaliação de desempenho, e sim a Avaliação de Desempenho com Foco em Competências.

Após diversos estudos e pesquisas, foi observada a escassez de literatura que apresente de forma clara, prática e objetiva como efetivamente implantar a Remuneração por Competências. Há sim, muitas literaturas, mas elas não detalham como fazer e, principalmente, a possibilidade de aplicação coerente com a estrutura das empresas. A *Avaliação de Desempenho com Foco em Competência* vem suprir essa lacuna.

O objetivo desta obra é apresentar de forma didática e prática a construção de ferramentas de avaliação que juntas, irão compor o Coeficiente de Desempenho do Colaborador, que retrata a sua entrega à organização, de forma alinhada ao conceito de ampliação do CHA das competências, sendo este uma referência comprovada para a Remuneração com Foco em Competências.

Por meio de uma linguagem simples, esta obra atende ao interesse e necessidades de Gestores de todos os portes da empresa, sem exceção, servindo também como referência para nível acadêmico.

Seleção e Entrevista por Competências com o Inventário Comportamental - Guia Prático do Processo Seletivo para a redução da subjetividade e eficácia na Seleção

Seleção e Entrevista por Competências com o Inventário Comportamental é um guia prático para os profissionais ou empresas que já atuam ou possuam recrutamento e seleção e queiram se aprimorar, assim como para Gestores de Pessoas, profissionais iniciantes ou empresas que queiram implantar essa Ferramenta. Também é recomendado para estudantes e professores para servir como referencial e suplemento didático.

A Metodologia apresentada propõe uma ampliação do conceito de Competências, indo além do CHA – Conhecimentos, Habilidades, Atitudes – trazendo a identificação no candidato de Competências Técnicas e Comportamentais, Resultados, Grau de Complexidade e ainda, com Valores, identificando a compatibilidade entre o candidato, perfil da vaga e Cultura Organizacional.

Feedback para Resultados na Gestão por Competências pela Avaliação 360º - Guia Prático para Gestores do "Dar e Receber", Feedback e a Transformação em Resultados

Feedback para Resultados é um guia prático para a implantação da ferramenta de Avaliação Comportamental através da Avaliação 360º e do preparo de Gestores de como "dar e receber" *feedbacks* de forma a promover a transformação de equipes para o alcance dos resultados organizacionais.

Utilizando uma linguagem clara e direta, este livro contribui para a atualização de instrumentos importantes do RH e sua adaptação à realidade e exigência do mercado globalizado em que vivemos.

Feedback para Resultados é recomendado para Gestores, RH, professores e estudantes de diversas áreas, dentre elas Recursos Humanos e Administração, enfim, a todos os profissionais que lideram equipes e precisam promover a transformação de resultados nas organizações.

Gestão do Desempenho integrando Avaliação e Competências com o *Balanced Scorecard*

Gestão do Desempenho integrando Avaliação e Competências com o Balanced Scorecard é um guia prático para utilização da Gestão do Desempenho contemplando a integração dos instrumentos de Avaliação de Competências, Avaliação de Desempenho e de Estratégia Empresarial que utilizam o *Balanced Scorecard*.

Utilizando os conceitos da Avaliação de Desempenho com Foco em Competências e do *Balanced Scorecard*, o autor demonstra como ocorrem essas integrações na prática, apresentando um instrumento essencial na Gestão do Desempenho, o PDC – Painel de Desempenho do Colaborador, que possibilita ao gestor visualizar os fatores que interferem no desempenho do colaborador permitindo que ele aja proativamente para que a Visão da empresa seja atingida.

Recomendado para Gestores, RH, professores e estudantes de diversas áreas, dentre elas Recursos Humanos e Administração, enfim, a todos os profissionais que lideram equipes e precisam promover a transformação da sua empresa, gerando resultados.

T&D E A MENSURAÇÃO DE RESULTADOS E ROI DE TREINAMENTO INTEGRADO AO BSC

Este livro é uma obra prática, direta, objetiva, no estilo "passo a passo" que apresenta uma abordagem contemporânea para o Levantamento de Necessidade de Treinamento, tornando-a mais eficiente e eficaz.

Apresenta também como executar a Mensuração dos Resultados de Treinamento, desde a avaliação de reação, passando pela avaliação de aprendizagem, comportamental de resultados e ainda o cálculo do ROI de Treinamento, além de trazer como fazer a integração dessas mensurações com o *Balanced Scorecard*, dando um enfoque estratégico para estas ações e para a área de Recursos Humanos.

T&D e a Mensuração de Resultados e ROI de Treinamento Integrado ao BSC é recomendado para Gestores, RH, professores e estudantes de diversas áreas, dentre elas Recursos Humanos e Administração, enfim, a todos os profissionais que lideram equipes e precisam promover a transformação da sua empresa, gerando resultados.

GESTÃO POR COMPETÊNCIAS NO SETOR PÚBLICO
Autor e Organizador

Autores:
Elsimar Gonçalves
Euclides Junior
Marcia Vespa
Paulo Santos
Renan Sinachi
Rodopiano Neto
Rogerio Leme
Romeu Huczok
Rosane Ribeiro

Gestão por Competências no Setor Público é um livro que apresenta a aplicação prática desta importante ferramenta de gestão de pessoas, porém considerando as questões específicas e particulares da cultura das instituições públicas.

Os princípios da motivação humana e as diretrizes de liderança, na realidade, independem das características da empresa – pública ou privada. Entretanto, ao aplicar a Gestão por Competências no serviço público, a cultura e a maneira de superar os desafios do projeto são especiais neste setor, em função das relações trabalhistas serem diferentes do setor privado, tais como o concurso público, o estágio probatório, a estabilidade do servidor, entre outras.

Este livro traz como implantar a Gestão por Competências, pautadas nas metodologias do Inventário Comportamental para Mapeamento de Competências e da Avaliação de Desempenho com Foco em Competências, apresentadas de maneira estruturada, sem ser uma simples coleção de textos dos autores.

QUALITYMARK EDITORA

Entre em sintonia com o mundo

Quality Phone:
0800-0263311
ligação gratuita

Qualitymark Editora
Rua Teixeira Júnior, 441 - São Cristovão
20921-405 - Rio de Janeiro - RJ
Tel.: (21) 3295-9800
Fax: (21) 3295-9824
www.qualitymark.com.br
e-mail: quality@qualitymark.com.br

Dados Técnicos:

• Formato:	16 x 23 cm
• Mancha:	12 x 19 cm
• Fonte:	Optima
• Corpo:	11
• Entrelinha:	13
• Total de Páginas:	128
• 1ª Edição:	2012
• 2ª Reimpressão:	2014